Robert Walser est né en 1878 à Bienne (Biel), dans le canton de Berne. Il avait sept frères et sœurs. Vivant de petits métiers, à Berlin quelque temps, puis, résolument, en Suisse, il publie son premier roman, *Les Enfants Tanner*, en 1907. Son deuxième roman, *Le Commis*, paraît en 1908, et en 1909 *L'Institut Benjamenta*. Walser se cantonne ensuite dans des proses brèves publiées dans la presse, des poèmes, un récit, *La Promenade* (1917) ou le petit recueil *La Rose* (1925). Un court roman autobiographique de la même époque (*Le Brigand*) est posthume. En 1929, Walser entre dans une clinique qu'il ne quittera plus jusqu'au jour de Noël 1956, où il meurt lors d'une promenade dans la neige.

Robert Walser

RETOUR DANS LA NEIGE

RÉCITS

*Traduit de l'allemand
par Golnaz Houchidar*

Préface de Bernhard Echte

Éditions Zoé

Les textes du présent ouvrage ont paru en version originale dans *Sämtliche Werke in Eizelausgaben*, édités par Jochen Greven, vol. 3, *Aufsätze*, vol. 15, *Bedenkliche Geschichten*, et vol. 16, *Träumen*, © Surkamp Verlag, Francfort, 1985. Les trois textes « En tramway », « Quelques lignes sur le chemin de fer » et « L'incendie », sont extraits des « Nachgelassene Schriften », parus sous le titre *Feuer* chez Surkamp, sous la direction de Bernhard Echte, © Surkamp Verlag, Francfort.

TEXTE INTÉGRAL

ISBN 978-2-7578-4338-3
(ISBN 2-88182-353-X, 1ʳᵉ publication)

© Éditions Zoé, 1999, pour la traduction française

Le Code de la propriété intellectuelle interdit les copies ou reproductions destinées à une utilisation collective. Toute représentation ou reproduction intégrale ou partielle faite par quelque procédé que ce soit, sans le consentement de l'auteur ou de ses ayants cause, est illicite et constitue une contrefaçon sanctionnée par les articles L.335-2 et suivants du Code de la propriété intellectuelle.

POINTS AVENTURE
un esprit de liberté

UNE COLLECTION DIRIGÉE PAR PATRICE FRANCESCHI

Il y a 2 500 ans, Pindare disait : « N'aspire pas à l'existence éternelle mais épuise le champ du possible. » Cette exhortation à un dépassement de la vie était aussi un appel à la liberté et aux liens qui l'unissent à l'esprit d'aventure.

Vingt-cinq siècles plus tard, l'énergie vitale de Pindare ne serait-elle pas un remède au désenchantement de nos sociétés de plus en plus formatées et encadrées ? Et l'esprit d'aventure l'un des derniers espaces de liberté où il serait encore possible de respirer à son aise, d'agir et de penser par soi-même ?

C'est sans doute ce que nous disent les livres qui, associant aventure et littérature, tentent de transformer l'expérience en conscience.

Patrice F.

Préface

« Mais si jamais je devais devenir porteur de journaux, écrit Robert Walser le 18 janvier 1907 à Christian Morgenstern, je préférerais *me faire soldat.* » Cette phrase en apparence si résolue n'était pourtant pas aussi sérieuse qu'il y paraissait. Dans son premier roman *Les Enfants Tanner*, publié à peine quelques jours plus tard, Walser écrit en effet : « L'histoire du soldat est une façon de parler que j'ai choisie pour conclure mes discours. » Christian Morgenstern son lecteur, savait bien entendu comment interpréter la phrase de Walser. Il était même inquiet de voir Walser écrire si volontiers pour des journaux et des revues littéraires. Christian Morgenstern partageait donc le préjugé, encore courant aujourd'hui, selon lequel la brève durée de vie d'un quotidien ou d'une revue rend nécessairement inférieure la valeur des textes qu'on y publie.

Walser prouve, comme aucun autre écrivain, que ce n'est pas nécessairement le cas. Il disait lui-même aimer « se mouvoir dans le style des petites choses quotidiennes », mais tout ce qui lui vient alors sous la plume devient poétique. À la manière d'Hofmannsthal qui, quand on lui demandait où la profondeur des choses pourrait se cacher, répondait « à leur surface », Walser révèle dans les publications les plus éphémères de son écriture le charme irrésistible et l'attrait inaltérable de sa poésie. Parmi ceux qui l'ont remarqué en premier, le moindre n'est pas Franz Kafka qui, dès 1907, accourait enthousiaste chez son ami Max Brod pour lui lire à haute voix – parfois secoué de rire – une nouvelle prose de Walser qu'il avait trouvée dans les colonnes de la revue *Schaubühne*. Robert Musil, Hermann Hesse, Kurt Tucholsky, Walter Benjamin furent aussi très tôt les admirateurs de Walser. Ce n'est donc peut-être pas un hasard si Walser était un des rares auteurs bien accueillis dans presque tous les quotidiens et revues de l'époque, bien que la plupart des rédactions aient été brouillées entre elles (vieille habitude des intellectuels allemands), considérant la publication chez « l'ennemi » comme une véritable trahison. Comme feuilletoniste, Walser s'était donc fait un nom et il était conscient de sa propre valeur. « Je m'étais déclaré en accord avec le qualificatif de *feuilletoniste*, écrit-il peu de temps avant de se taire à jamais, l'idée sentimentale qu'on ait pu me considérer comme un artiste déchu ne m'a jamais embarrassé. Une sorte d'ombre semblait parfois me mettre doucement la main sur l'épaule et une voix me demander : "Est-ce encore de l'art ce que tu fais ?" Et pourtant, je pouvais me dire à moi-même que celui qui persévère dans ses efforts n'a pas besoin de se laisser importuner par les exigences d'un modèle idéal. »

À quelles exigences faisait-il allusion ? À celles de l'esthétique de la représentation qui prétend voir le poète hissé dans la position d'une autorité sociale et intellectuelle du haut de laquelle il verrait, déchiffrerait et organiserait tous les signes du temps, si possible dans de gros romans captivants. Ce genre de servitudes et de « vastes associations épiques » avaient commencé très tôt à « irriter » Walser, et c'est pourquoi « la petite forme », la « prose » devinrent son style d'expression préféré. Walser avait certes déjà écrit au moins sept romans (dont trois n'ont pas été édités et ont aujourd'hui disparu, un quatrième est resté dans un tiroir), mais son œuvre principale est constituée par plus de mille cinq cent de ces petites proses qui ont paru dans les publications les plus diverses. Il en a aussi édité une petite partie sous forme de recueils, mais la revue et le journal restèrent son domaine de prédilection.

Même Walser ne prenait pas toujours soin de conserver ses textes si bien que, malgré l'excellente édition complète de son œuvre parue en langue allemande au milieu des années soixante-dix, il arrive encore que le chercheur, patient comme un orpailleur tamisant les gazettes de ces années-là, découvre soudain un trésor inattendu. Ainsi, ce volume présente trois proses réapparues dernièrement et inédites à ce jour.

Quelle surprise : ces textes n'ont pas pris une seule ride. Rien n'y paraît poussiéreux ni usé par le temps. Oui, il se peut même que l'innocence du regard, l'infinie curiosité du flâneur ne deviennent véritablement manifestes qu'aujourd'hui puisque, avec le temps, les éléments historiques se sont trouvés relégués à l'arrière-plan. Il y a cependant autre chose : Walser ne se place jamais au-dessus de ce qu'il décrit. Modèle exemplaire, il opte dans « La petite Berlinoise » pour une perspective d'une apparente naïveté. Pour lui, les choses et les gens sur lesquels il écrit sont plus importants que sa personne, son regard, sa compréhension. Il reste ainsi fidèle à lui-même et mystérieusement pur. Il connaît bien entendu tous les raffinements intellectuels de son temps, mais une pudeur tout à fait particulière lui conseille de s'en préserver.

Lorsque Walser revient en Suisse, sous la neige, au début de l'année 1913, sa retenue devient alors une règle de vie. Comme il le formulera plus tard, il menait à cette époque « une sorte de campagne contre ceux qui se moquaient de la vénération ». Sachant parfaitement que les plus grands esprits contemporains riraient de lui, il rechercha alors de plus en plus l'intériorisation, la contemplation, la simplicité et la beauté. Certains auront peut-être pensé qu'il se retirait dans un monde idyllique, mais il n'en est rien. Car même les phrases où Walser semble s'enthousiasmer sans réserve sont tissées d'ardentes et sombres conjurations. Jusque dans leur style, elles expriment ce qui paraît menacé : une beauté apparemment involontaire « qui possède la simplicité et la pureté des poèmes », comme l'a écrit Stefan Zweig à propos de Walser. « Apparition unique, poursuivait-il, il n'appartient à aucun groupe, aucune catégorie, aucune communauté. C'est un original du genre le plus profond et le plus étrange, dont l'originalité s'exprime de façon inoubliable dans chacune des lignes, chacun des paragraphes qu'il écrit. » Ici ou ailleurs, qu'importe, même dans le feuilleton d'une petite gazette, oui, précisément dans ces feuilletons-là...

Bernhard Echte
Archives Robert Walser

Une rue de grande ville

Certaines rues du cœur de la vieille ville sont étrangement abandonnées ; une cathédrale dans sa vénérable splendeur ou une morne caserne ou un vieux château accentuent encore cette impression de silence et de solitude. Dans l'ambiance bourgeoise et la pâle lumière des brasseries, quelques convives du soir sont assis à des tables et lisent le journal ; le garçon de café est là, désœuvré, le torchon sous le bras. Quelques rues plus loin, dans un autre quartier, les gens se hâtent en se côtoyant et se suivant de près, personne, semble-t-il, ne les poursuit ni d'ailleurs ne les attire. Tous ces gens vont vers des lieux semblables et viennent des mêmes lieux et se tiennent tous dans une espèce de réserve admirable. Les arbres sont d'un vert étrange, pas comme dans d'autres villes. Un paisible cimetière de l'ancien temps borde une des rues les plus animées de la ville où, sur des pavés cahoteux, roulent sans cesse des fiacres, des charrettes et des omnibus. Dans les brasseries, on remplit des chopes de bière sans relâche et il se trouve des buveurs et des clients pour tous ces verres qui se vident au fur et à mesure. Les chefs de ces lieux de divertissement se comportent comme des officiers sur un champ de bataille, mais on voit les officiers passer sans bruit, calmes, posés et modestes, comme s'ils en avaient plus qu'assez depuis longtemps de montrer leur mordant, ce qui est certainement le cas de temps à autre. En passant d'un trottoir à l'autre, on doit veiller à ne pas se faire écraser, mais cette prudence est imperceptible, elle est devenue une habitude. Comme cette grande ville entrave et dévore les élans humains. Les gens qui habitent le nord n'ont peut-être pas vu depuis un an les quartiers élégants et lumineux de l'ouest de la ville, et on ne voit pas ce qui pourrait inciter une habitante des quartiers ouest à se rendre du côté de la gare de Silésie si une circonstance particulière ne l'y oblige pas.

Dans cette ville, on ne voit que très peu d'infirmes, sans doute parce que, craignant cette incessante circulation, les gens malades et fatigués ont toutes les raisons de rester tranquillement à la maison. Tout ce qui bouge dans la rue est plus ou moins vaillant et plein d'entrain et affiche la joie de vivre, ne serait-ce que pour respecter les convenances, car chacun perçoit que tous ceux qui vivent et marchent ici s'imposent une sorte de discrète politesse. Ne serait-ce que par prudence, ceux qui sont contrariés et découragés doivent réprimer leur contrariété et leur découragement, celui qui ne se maîtrise pas se voit contraint de se dominer, celui qui aimerait rire aux éclats de plaisir comprend immédiatement qu'il ne doit pas le faire, et celui à qui les larmes montent aux yeux se détourne brusquement et regarde une vitrine comme si elle était une pure merveille. Le flirt se sert des moyens les plus simples et les plus doux à la fois. Bien que dans les rues et sur les places et dans les tramways, l'inconnu semble soigneusement éviter l'inconnu et chacun craindre tout frôlement ou toute sensation, il y a tout de même nombre de belles et douces approches, plus que l'observateur ne peut en soupçonner ou l'étranger en observer, c'est précisément parce que celui qui entreprend ou prévoit quelque chose agit comme s'il rêvait ou calculait dans le vide. S'il arrive un petit désagrément, qu'un cheval tombe sur les pavés souvent glissants, ou alors que survienne une querelle, ou quelque chose de semblable, il se forme la plupart du temps aussitôt autour de l'événement un joli groupe de passants qui ne se montrent ni indifférents ni même agités devant cet intermède.

Tout est propre. Les vitrines brillent de la même méticuleuse propreté que les paroles, celles des gens cultivés comme celles des incultes ; la bonne apprend à se mouvoir comme Monsieur et Madame, et la maîtresse de maison, digne et inaccessible, ne s'exhibe pas devant sa porte. L'écolier, innocent boute-en-train, ramène son certificat à la maison dans le même tramway où se trouve la fille de joie ou l'homme qui prend ici le temps d'échafauder ses prochains coups, et les uns n'importunent pas les autres. Bien des yeux brillent d'une nostalgie secrète, bien des lèvres se serrent, bien des âmes tremblent, mais tous veulent être convenables, tous veulent aller le chemin de la raison, tous peuvent et veulent se préserver. Les rues se ressemblent comme les destins des hommes, mais chacune a pourtant son propre caractère et un destin n'est jamais comparable à un autre. Pour ce qui est de l'élégance, en général on la recherche et on la comprend en l'empêchant de s'épanouir ; son charme le plus fou réside dans une certaine négligence, un peu comme la noblesse de la pensée et du sentiment qui s'efface quand elle lutte pour s'exprimer, ou alors un peu comme le style du langage qui s'échappe là où il veut apparaître.

Il y a dans la grandeur et la fierté de cette ville un silence indéniable ; et une absence de bruits couronne le bruit, si bien que lorsque pour un temps, on a vécu retiré dans le silence de la campagne, on aspire à le réentendre comme si c'était un baume. Et il n'y a aucun doute que dans les grandes villes domine le besoin manifeste d'éviter toute hâte et toute précipitation superflues. Ici, bien boire et bien manger est très important ; ceux qui ont faim sont en colère contre leurs semblables qui dérangent partout où ils vont, que ce soit en jouant des coudes ou en exhibant un air insatisfait et colérique. L'aigreur est une ennemie de l'homme et une ennemie de celui qui se lamente inutilement, et comme là où les gens se côtoient de près chacun sait cela, on peut dire que la ville devenue une grande ville s'apprête à faire lentement disparaître toute cette fureur qui gronde dans le vide, puisque les enragés et les coléreux ne supportent pas d'être parmi les hommes. Oh certes, on est souvent envahi de colère, de rage ou de haine, mais alors on sort, on se mêle aux autres, et voilà qu'à la bonne heure, ce fâcheux état de l'âme s'est à nouveau envolé. Dans la grande ville, une sorte de socialisme noble et visionnaire gagne tout naturellement de plus en plus de terrain et la haine des classes ne semble plus exister que dans les journaux qui la dépeignent. Si la santé de son âme et de son corps le permet, chaque journalier ou petit ouvrier peut triompher sans s'énerver des riches qui souvent ne peuvent dissimuler qu'ils se sentent physiquement mal. Ce n'est donc pas le pauvre qu'il faut plaindre, mais le malade, car c'est lui qui se voit privé de ses droits et non celui qui est d'origine modeste. Voilà ce que nous apprend la rue de la grande ville avec éloquence. Mon Dieu, c'en est assez pour aujourd'hui, il faut que je sorte, il faut que je gambade dans le monde, je n'y tiens plus, il faut que j'aille sourire à quelqu'un, il faut que j'aille me promener. Ah, qu'il est joli, qu'il est joli de vivre.

Ce qu'il advint de moi

De naissance, je suis un enfant de mon pays, de condition je suis pauvre. De mon état, je suis humain, de caractère un homme jeune, et de profession le rédacteur du présent récit de ma vie. Mon cher papa m'a éduqué en m'envoyant de temps à autre à Ridau. Ridau est une petite ville, ancienne et mignonne, avec une ruelle unique mais vraiment large et un château gothique qui s'élance vers le ciel.

Ridau est le domicile de Monsieur Baumgartner. J'allais donc chez ce monsieur pour lui porter promptement les bonnes salutations et les meilleurs compliments de papa. Voilà pour mon éducation.

Mon instruction et ma culture résultent de la fréquentation d'un collège. Il s'agit là d'un lieu classique puisqu'il a été fondé par Napoléon, le grand et premier, ou tout au moins sous son influence. Puis, la vie toute crue me propulsa sur la trajectoire d'un feuilletoniste ordinaire. Oh ! n'eussé-je jamais écrit de chronique.

Mais le destin, toujours incompréhensible, l'a

voulu ainsi. Il a fait de moi, semble-t-il, un écrivain intarissable et farci de connaissances, fringant et parfumé et il a fallu que tous les traits si précieux de mon caractère, empreint de la musique de mes origines, se perdent, ce que je déplore avec des yeux en pleurs et au plus profond de mon âme. Cruel destin auquel j'obéis !

Mais tout peut encore s'améliorer et qui sait, l'innocence de la campagne reviendra peut-être un jour jusqu'à moi et alors je pourrai à nouveau me tordre les mains dans la solitude. D'ici là toutefois, il semble que je sois enfoui dans la luxure d'un état de chroniqueur souriant et sautillant, et il n'y a que très peu ou plus d'espoir du tout que je sois jamais capable dans ma vie de pousser encore une fois un air de jodel avec panache et rusticité, comme sait si bien le faire Ernst Zahn, cet homme de lettres si diplomate et si remuant. Ernst Zahn et quelques autres non moins spirituels sont passés maîtres dans la mise en lumière de l'amour qu'ils portent à leur patrie.

Je n'ai jamais su comment fabriquer un produit de ce genre. Le monde est vaste et l'être humain est un mystère, et Napoléon était un grand homme, et Ridau est une petite ville ravissante, et l'essence même d'un homme n'est jamais tout à fait perdue. Mais quelle étroitesse d'esprit que ces cancans de vieilles tantes du sud. Berlin est une si belle ville et ses habitants sont des êtres si travailleurs, si honnêtes et si gentils.

Regard sur le passé

Là-bas, je ne me portais pas mal du tout puisque je pouvais souvent fréquenter le monde. Je n'avais quasiment aucun souci, ce qui était naturellement très agréable.

J'étais assis dans une jolie chambre où j'écrivais pour toutes sortes de journaux de petites proses auxquelles je pouvais vouer le plus grand soin. L'argent rentrait peu, mais je n'en avais guère besoin non plus puisque une gentille femme s'occupait de moi qui, dans sa bonté, me fit savoir qu'elle ne voulait vivre que pour moi. Je ne m'occupais pas le moins du monde de savoir qui payait le loyer. Oh, comme c'était charmant de n'être importuné par aucune, mais aucune pensée pesante. À cette époque, j'étais peut-être plutôt une sorte d'aventurier qu'un écrivain qui travaille, ce que je ne crois pas devoir dissimuler. Car le premier devoir des poètes n'est-il pas d'être sincère et de dire la vérité. Pour moi, cela a toujours été une espèce de jouissance que d'avouer mes propres erreurs.

La femme dont je parle n'était pas jolie mais elle

était drôle. De temps en temps, elle entrait dans ma chambre pour me tirer l'oreille ou mettre ses bras autour de mon cou ; je me laissais faire volontiers. Cette familiarité la réjouissait et moi, elle ne me dérangeait nullement dans mon travail. Pourquoi aurais-je dû lui gâcher ce plaisir ? Je n'avais pas la moindre raison de me défendre de la tendresse dont je me voyais être l'objet. Oh bienveillance, comme tu es douce !

Pour ce qui est de la nourriture, je n'avais vraiment pas à me plaindre. Au contraire, à cet égard, j'allais presque trop bien. J'ai un peu honte de devoir dire qu'on me servait les repas les plus sympathiques, du beau jambon, des œufs frais, du fromage, du beurre et du miel autant que je voulais. J'avais cependant pour habitude de ne prendre qu'une seule bouchée de tous ces mets appétissants, car je craignais sérieusement l'obésité. Comme on voulait absolument me voir choyé, je n'avais d'autre solution que de le tolérer, ce qui ne nécessitait certes pas un courage démesuré.

Je me sentais parfois comme une petite souris blanche, fine comme de la soie, dorlotée et cajolée par de douces mains. Ce furent sans aucun doute des temps exquis. Mais Dieu merci, j'en ai aussi vécu d'autres, et je peux dire que dans le fond de mon âme, j'ai toujours estimé plus et davantage aimé ce qui était ardu et difficile que ce qui était agréable, confortable et facile. Et je sens à quel point ces paroles sont sincères.

Bien que le bel appartement lumineux ait été

le sien et non le mien, c'était comme s'il m'avait appartenu puisque je pouvais me promener à volonté dans toutes les chambres, toutes plus belles les unes que les autres. Je sortais volontiers un quart d'heure sur le balcon pour me faire éventer par la fraîcheur de l'air.

Nuit et jour, nous étions intimement unis l'un à l'autre. Tout était en accord, allait de soi, la parole, le souffle et le sommeil. À cette époque, je n'étais peut-être pas du tout un mauvais homme. Autour de moi, tout semblait toujours un et unique. L'amitié liait étroitement les heures. Le temps et l'espace étaient amis, et tout ce qui était grand était affectueusement proche de tout ce qui était étroit et petit, comme si l'un avait eu sans cesse besoin de l'autre. Et c'est en effet le cas. Il n'existe rien au monde qui n'ait le vif besoin de ce qui lui est le plus proche.

Parfois, je lisais des jours entiers et même des semaines entières. C'était comme si ces longues lectures s'imposaient d'elles-mêmes. La lecture peut être une telle jouissance ! Devant la fenêtre, le soir, le midi et le matin surgissent grands et beaux comme un enfant. Tu es assis, tu es comme dans un rêve ; le monde est à moitié clair, à moitié sombre. Il te semble que par la lecture, tu es devenu tout esprit, mais tu n'en es pas moins vivant. C'était assez curieux. Je jouais à l'oriental, j'étais sûrement très paresseux et il faut donc que je me réprimande. On ne devrait jamais s'isoler, jamais être indolent, mais toujours vaillant et plein d'entrain sur ses deux jambes et avec sa tête, et vivre parmi ses semblables, l'âme et l'esprit éveillés pour agir dans la vie.

Certes, je me trouvais aussi très souvent dans la rue, formidablement attirante et scintillante, emporté par le merveilleux fleuve d'or des passants, cependant c'était toujours davantage par plaisir que pour chercher assidûment une activité sérieuse. Mais tout cet élan, toutes ces promesses brillaient avec tant de gaieté et de joie. Avec une sorte de félicité, je me mêlais à la cohue pleine de charme et presque familière, et cette élégante bousculade me rendait pour ainsi dire, moi aussi, léger et élégant. D'humeur confiante, j'entrais dans beaucoup d'endroits chics, y étais stimulé de multiples façons et j'espère m'être aussi montré un peu stimulant de temps à autre puisqu'un service doit toujours en valoir un autre.

Mentionnons encore une cavalcade militaire presque automnale, un voyage en ballon qui se passa on ne peut mieux, ainsi qu'un cercle littéraire soigneusement fermé où j'ai peut-être fait preuve de quelque esprit une fois ou l'autre.

En plein été, j'allais à la mer. À mon retour, on me disait que j'avais une mine superbe. Mais en fait, mon apparence était toujours superbe.

De temps à autre, je recevais une carte m'informant qu'il existait des gens qui se faisaient un plaisir de me convier à leur table.

Je dois reconnaître, et je le fais volontiers, que partout où j'allais, une certaine légèreté de cœur ou insouciance m'accompagnaient. J'ose estimer toutefois qu'il est impossible de se sentir vivre et de rester tout le temps sérieux. Il semble par ailleurs que pour l'essentiel, il s'agisse d'une disposition naturelle et, par conséquent, d'une sorte d'enchaînement des choses.

Jeune et inexpérimenté comme je l'étais, j'avais pris pour habitude, tout autour de moi et en tout temps, de croire que la bonne volonté allait de soi ; j'acceptais donc la bienveillance avec un peu trop d'insouciance. Qu'une défaveur puisse me pendre au nez et qu'un souffle d'antipathie puisse m'atteindre ne me venait que rarement ou pas du tout à l'esprit. Je considérais le jeu que j'avais audacieusement engagé comme étant gagné d'avance, et une sorte d'arrogance avait commencé à s'emparer de moi.

Mais bientôt, je me retrouvai devant une situation toute nouvelle qui me rappela le sérieux de la vie avec plus d'insistance que jamais. Tout ce que j'avais vécu jusqu'ici s'évanouit comme un rêve.

Madame Scheer

Je ne sais que peu de choses de cette vie de femme. Madame Scheer était originale et fort talentueuse. Des paroles qu'elle m'avait adressées, il ressortait et ressort encore qu'elle avait vécu en province une jeunesse sereine et heureuse. Lorsqu'elle parlait de son enfance, il y avait toujours dans ses yeux un indicible ravissement et une douceur mélancolique. Il surgissait de ses paroles une jolie petite ville proprette entourée de forêts, de champs et de vertes prairies. Parler de ces jours d'autrefois la rendait heureuse, et si ma modeste personne lui a permis ce bonheur tranquille, j'ose alors m'en accorder l'humble mérite, car à cette époque-là, il ne restait plus dans l'entourage de la vieille Madame Scheer que l'auteur de ces lignes, intéressé au plus haut point et pour certaines raisons par cette étrange femme âgée. J'étais celui à qui, pauvre femme solitaire, elle racontait bien des choses, celui qui prêtait son oreille avec grand plaisir à l'écoute attentive de ce qu'elle disait. L'étrange destin de cette... millionnaire me passionnait. Madame Scheer était plusieurs fois millionnaire. Pauvres créatures mille fois dupées que nous sommes, nous les humains. Cette millionnaire, cette riche Madame Scheer, était contente et me remerciait de manière touchante lorsque, le soir venu, je manifestais mon envie d'entrer dans sa chambre et de m'asseoir un peu auprès d'elle sous la lampe. Madame Scheer était laide ; les passions d'une vie de travail tempétueuse, l'affliction, une mer de contrariétés et de soucis exténuants, la précipitation et la chasse au succès dans les affaires, les tortures d'une jalousie furieuse, les peines incessantes avaient marqué son visage d'une empreinte répugnante et repoussante. Moi pourtant, je découvrais sans peine sur ce visage une beauté pas encore tout à fait éteinte et le soir, lorsque le reflet jaune de la lampe coulait sur ses traits, la vieille Madame Scheer devenait singulièrement belle, et la façon qu'elle avait alors de parler et d'être assise là était charmante et émouvante. Comme je l'appris peu avant sa mort d'un personnage qui lui était proche, elle aurait dit à l'occasion qu'elle aurait pu acquérir une fortune de vingt millions si le ciel lui avait donné un autre mari.

Je possède une photographie de Madame Scheer qui la représente jeune femme, où elle a l'air tout à fait charmante. Elle épousa un homme bon et heureux de vivre qui sur terre voulait avoir ses aises. Sa femme témoigna alors d'un talent véritablement démoniaque pour la spéculation. Elle était arrivée dans la capitale à la grande époque de la fondation de l'Empire et y avait trouvé nombre d'occasions pour développer ses géniales capacités. En peu de temps, elle et son mari étaient des gens riches. L'argent qui coulait à flots dans les poches du mari, avide de plaisirs, le poussa à un mode de vie épouvantable. Il s'entoura d'amis et commença à mener une vie dissolue. C'était un homme simple, bon, inoffensif, qui ne voyait de sens dans la richesse que celui de la dilapider. Quand ils viennent dans les villes européennes, les princes asiatiques et africains agissent de même. Il y a dans le monde deux sortes de personnes : celles qui dépensent l'argent pour les plaisirs sensuels et celles qui lui vouent un amour étrange et, logiquement, le gèrent le plus consciencieusement et avec le plus grand soin. Madame Scheer était née gestionnaire, son mari né dépensier et dilapidateur. Les uns ne savent pas estimer l'argent et les autres apprécier le plaisir – le mode de vie de Scheer frisait la monstruosité. Vers le soir, il se remplissait toutes les poches de billets de cent et de mille et ainsi excellemment équipé, il levait, comme on dit, le camp, s'enivrait rapidement, puis des femmes de mauvaise vie, des garçons de café malhonnêtes et autres canailles le délestaient de son argent et le mettaient dans la première calèche venue et le faisaient rentrer chez lui au petit bonheur la chance, paisible et béat, et quand son épouse, cette infatigable commerçante, voyait rentrer son mari dans un si pitoyable état à la demeure familiale, sachant fort bien que cette misérable et indigne escapade avait de nouveau coûté des sommes exorbitantes, la colère la prenait contre la balourdise de cet homme, elle se sentait souillée, outragée et tremblait de tous ses membres d'indignation, de dégoût, de douleur et d'effroi.

Je ne saurais dire s'il y a quelque chose de vrai dans la rumeur qui, peu avant la mort de Madame Scheer, me vint aux oreilles par la bouche du personnage ami de Madame Scheer. Une rumeur qui voulait me faire croire que ma pauvre Madame Scheer avait eu en tête l'idée de faire assassiner son inconscient mari. La rumeur dit que Madame Scheer, de plus en plus excédée des bêtises de son frivole mari, aurait commencé une relation, apparemment très étroite, avec un homme étrange, romantique, exalté, un médecin, pour se servir de ce rêveur délirant et passionné comme, pour ainsi dire, d'un outil de vengeance et de représailles, empressé, chevaleresque et serviable. Il est certain que l'épouse bafouée avait d'estimables et justifiées raisons d'être sincèrement et profondément en colère ; il est certain qu'elle avait elle-même, comme j'ai suffisamment pu l'observer, un caractère vif et sensible, dominé par un tempérament enflammé, mais je n'ai pas cru et ne crois toujours pas à ladite rumeur bien trop épouvantable et lugubre. Pour autant, Madame Scheer était une personne douce dont un des visibles traits de caractère était une bonté bienveillante et elle aimait, estimait et honorait encore et malgré tout son mari. Peut-être cet aventurier, cette tête brûlée, ce sombre médecin de minuit lui avait-il fait une fois cette inquiétante proposition ; mais sans doute aura-t-elle su la refuser et rappeler son ami, si toutefois elle en eut jamais un, à l'ordre et à la raison. Je n'en doute pas un seul instant même si j'admets que Madame Scheer ait été, comme je l'ai dit, un être singulier et une personne hautement originale. Entre-temps, Monsieur Scheer dépérissait et décéda peu après, pas vieux le moins du monde, mais à peu près dans la force de l'âge. À présent Madame Scheer était seule.

À partir de là et jusqu'à sa propre mort, la femme qui fait l'objet de cette « étude » mena une vie comme personne ne pourrait le faire, une vie misérable, agitée et tourmentée. Aucune mendiante ne vécut jamais si pauvre, si mal et si digne de compassion. Aucune ouvrière pauvre ou femme d'ouvrier ne vécut jamais une vie de peines aussi misérable et triste que cette femme richissime, et s'il y eut jamais sur cette terre, qui est un mystère et qui le restera, un héros ou une héroïne de la vie quotidienne, eh bien Madame Scheer était de ceux-là. Elle mena un combat inouï et eut à tolérer et souffrir des choses inouïes. Un regard jeté dans son logement disait tout ce qu'elle supportait. Madame Scheer était-elle folle ? Souvent il me venait cette pensée certes un peu osée et audacieuse quand je la voyais ainsi chasser, parler précipitamment, marcher ou écrire, téléphoner, courir et agir. L'obstination frise souvent de très près la folie. Madame Scheer aurait pu se construire un palais, une merveilleuse résidence d'été et d'hiver, et vivre comme une baronne, une comtesse, une princesse, mais le cœur humain est une chose singulière et notre étrange protagoniste s'adonnait de tout son cœur à ses affaires ; elle ne savait que faire de toutes les jouissances, splendeurs et beautés du monde. Madame Scheer était effroyablement pingre ; pour elle, l'avarice et le gain étaient comme deux fils chéris signifiant ce qu'il y avait de meilleur et de plus cher au monde. Oui, je dois le reconnaître, cette femme me parut infiniment intéressante, je sympathisais avec elle. Les attirances sont étranges ; elles sont parfois à peine explicables. Cette millionnaire m'était sympathique, bien qu'elle fût un vilain personnage ; sa souffrance et sa misère jetaient sur elle un sortilège d'une beauté romantique.

Les circonstances dans lesquelles je la rencontrai sont très simples. Je vins habiter un jour dans une maison bizarre, chez une certaine Madame Wilke, qui décéda peu après. La propriétaire de la maison, Madame Scheer justement, me fit dire qu'elle voulait bien me laisser continuer à loger dans cette maison. Cette nouvelle me fut douce, car j'étais vraiment amoureux de ma chambre, qui était agréablement à l'écart. J'accueillis donc en Madame Scheer une nouvelle logeuse et maîtresse de maison. À cette époque, mes propres affaires n'auraient pas pu aller plus mal. J'étais par conséquent un homme silencieux, grincheux et un peu fermé, et comme tel, je ne m'occupai d'abord pas le moins du monde d'une femme si remarquable dans son genre. En regardant par ma jolie fenêtre, je la voyais parfois aller et venir dans le jardin dans un bizarre accoutrement de bohémienne, les cheveux en désordre, et j'étais sincèrement étonné de ce personnage féminin vêtu avec négligence. D'ailleurs, je ne faisais pas attention à elle, méchant homme que j'étais, puisque comme j'en eus plus tard l'intuition, cette femme voulait surtout que je vive dans sa maison pour avoir quelqu'un auprès d'elle. Solitude, quelle bête sauvage et effrayante tu es ! Mais quelle sollicitude pouvais-je offrir à cette femme alors que j'étais préoccupé par la seule et misérable pensée de savoir comment il fallait m'y prendre pour voir ma propre personne aller un petit peu mieux. À cette époque, j'étais moi-même semblable à un fauve affamé guettant avec des yeux enflammés et féroces une occasion favorable de s'emparer d'une proie pour améliorer sa difficile position. Va dans cette métropole barbare, cher lecteur, et vois comment la misère et les soucis succèdent brutalement au faste et à la fortune, et comme les hommes se contestent mutuellement le droit à l'existence en tentant de fouler aux pieds le succès étalé par leurs semblables pour se l'approprier.

« Je suis pauvre et je me prépare à davantage de pauvreté encore, avais-je écrit, je m'en souviens, à la charmante Augusta, ma délicieuse et jolie petite amie d'alors, et tu ne répondras probablement jamais plus à une lettre qui contient des confessions par trop pitoyables. Je vous comprends, vous les femmes ; vous n'êtes jolies, bonnes et aimables que pour ceux qui visiblement ont de la chance dans la vie. Le manque, la pauvreté et la maladresse ne vous inspirent que de la répulsion. Pardonne à la douleur qui n'a pas honte de s'exprimer ainsi. Que suis-je capable de t'offrir alors que je parviens à peine à tenir la tête hors de l'eau moi-même. Tout est apparemment terminé entre nous, n'est-ce pas, car tu jugeras bon de ne plus me connaître. Je le comprends. Moi aussi, je prends aujourd'hui joyeusement congé de toi puisque avec les forces qui me restent, il me faut à présent livrer une lutte par trop laide pour l'existence. Ah, ces roseraies, cette joyeuse et divine exubérance, ces cadeaux, ce rire ! Je serai toujours prêt à me souvenir d'un bonheur dont tu as été la malicieuse créatrice. Laisse-moi t'embrasser en pensée aussi tendrement que si nous avions encore le droit de badiner ensemble. Tu auras déjà commencé à m'oublier. Alors, adieu pour toujours. » Je glisse ici cette lettre pour offrir au lecteur une élégante et petite distraction. La lettre resta sans réponse, ce que j'avais prévu puisque je connaissais bien la sagesse de ma petite Augusta. Malgré toute sa grâce et son espièglerie, elle avait l'âme décidée. Elle allait son chemin et cela me plaisait. Retournons maintenant à Madame Scheer. Revenons au fait.

Dans le voisinage, chez les commerçants, chez l'épicier, chez le coiffeur, dans la rue et dans les cages d'escaliers, on parlait de la vieille sorcière avare, de la « Scheer », et des paroles par trop grossières et superficielles l'envoyaient au diable. Cela donnait d'elle une image qui ne correspondait en rien à la réalité et à la vérité. Plus tard, je m'en rendis facilement compte. Entre-temps, j'étais entré petit à petit en contact et en relation avec cette femme si discutée et de si mauvaise réputation. Elle se plaignait de mon silence et de ma retenue, mais je trouvais convenable de continuer à rester silencieux et réservé. Je compris qu'elle était complètement abandonnée. À part une dame à l'aspect très élégant qui venait de temps à autre à la maison et à part Emma, son ancienne bonne, qui l'aidait un peu chaque jour dans les tâches domestiques, personne ne lui rendait visite. Sinon, ceux qui venaient et se faisaient plus ou moins bruyamment remarquer étaient toutes sortes d'artisans et d'hommes d'affaires. Avec ses terres et ses biens immobiliers, Madame Scheer était une propriétaire de grand style. Ou l'on entendait sonner, frapper à la porte, entrer tout agités des locataires qui venaient pour régler leur loyer ou accouraient à toutes jambes pour assurer qu'ils étaient dans l'incapacité de s'en acquitter. Ou encore, j'entendais tout à coup des cris et des injures dans le corridor. C'en était un autre qui se croyait traité avec injustice. Madame Scheer devait alors téléphoner au commissariat de quartier pour demander de l'aide, sur quoi la police apparaissait. Et ainsi, on voyait se succéder dans le logement d'une femme disposant d'une énorme fortune des scènes plus vilaines les unes que les autres, un désagrément après l'autre, tant et si bien que la patronne et maîtresse se sentait consolée, divinement comblée et réconfortée quand le soir venu, elle pouvait s'asseoir tranquillement dans sa chambre et pleurer en silence sans être dérangée. Ma chambre et le salon et bureau de Madame Scheer étaient juxtaposés et souvent, à travers la mince paroi, j'entendais des sons que je ne pouvais m'expliquer sinon en pensant que quelqu'un pleurait. Les larmes d'une femme riche et avare ne sont certes pas moins regrettables et pitoyables et ne parlent pas un langage moins triste et touchant que les pleurs d'un enfant pauvre, d'une pauvre femme ou d'un pauvre homme ; dans les yeux d'une personne d'expérience, les larmes sont terribles, car elles sont la preuve d'un désarroi qu'on croit à peine possible. À première vue, on peut comprendre qu'un enfant pleure, mais quand dans leurs vieux jours, des personnes âgées sont poussées et acculées aux larmes, celui qui entend cela comprend toute la détresse et le caractère insoutenable du monde, et il lui vient la pensée accablante et oppressante que tout, tout ce qui se meut sur cette pauvre terre est faible, vacillant, sujet à l'incertitude ; proie de l'arbitraire et de la déficience de toutes choses. Non ! il n'est pas bon que l'homme pleure encore lorsqu'il est à un âge où il peut trouver merveilleusement bon de sécher les larmes d'un enfant.

À l'exception d'une nièce, Madame l'épouse du Conseiller Un tel avec laquelle elle entretenait, apparemment du moins, des relations aimables,

Madame Scheer devait être définitivement brouillée avec tous les membres de sa famille. D'après ce que j'ai appris plus tard, il régnait même entre elle et certains d'entre eux une hostilité mortelle reposant sur une haine féroce et irréductible. Si ce que j'ai entendu raconter aussitôt après le décès de Madame Scheer est vrai, à savoir qu'une de ses sœurs vivait dans le plus grand dénuement sans avoir reçu le moindre soutien de la riche Madame Scheer, que celle-ci la tourmentait même et la poussait à bout, pour se moquer en quelque sorte de sa sœur et de sa détresse qui la laissait tout à fait indifférente, cela éclaire naturellement mon amie d'une lumière singulière et je me demande sincèrement si elle était vraiment capable d'être infâme et impitoyable. Sa famille semblait avoir d'elle la plus mauvaise opinion. Mais sans doute les haines personnelles devaient-elles jouer un grand rôle. On tenta de me décrire Madame Scheer comme une épouvantable comédienne dont l'âme était dévorée par un insatiable égoïsme. La haine, la méfiance, la méchanceté et l'hypocrisie auraient été le but et le sens de sa vie dépravée et destructrice. Je laissais dire tout cela sans répondre grand-chose, bien qu'ayant naturellement mes propres pensées, car j'étais loin de considérer les gens qui tentaient de dire un mal noir de ma pauvre amie comme des êtres bons au cœur pur. Et je souffrais de ce que le monde ne gardait plus même un seul bon souvenir d'elle, de ce monde dans lequel Madame Scheer s'était tant querellée et avait tant souffert. Il me faut ici mentionner encore une autre circonstance étrange, car je ne dois rien oublier d'important qui serait en mesure d'éclairer mon sujet et de lui donner vie. Dans le proche voisinage de Madame Scheer, tout le monde désignait comme son héritière une jolie jeune fille, une petite oie blanche par ailleurs, la fille d'un inspecteur de police. Je la voyais souvent dans l'appartement et je dois dire que cette jeune fille de dix-huit ans, une petite personne plutôt sotte qui avait le front de s'entourer de toutes sortes d'illusions de bonheur doucereux, ne faisait pas très bonne impression. Si les parents crédules de cette jeune fille se sont laissé aller à des espérances naïves avec une satisfaction plus naïve encore, ils ont été complètement dupés et de manière très instructive. Plus tard, on ne trouva aucune trace d'aucune ligne en faveur de Mademoiselle Effrontée, et la petite demoiselle pleine d'espoir n'hérita pas d'un seul centime. Il devrait en aller de même pour tous ceux qui ne rougissent pas de fonder leur avenir sur la mort de leurs semblables.

De corpulence plutôt forte, Madame Scheer n'était nullement déplaisante à regarder. Elle laissait parfois entrevoir un maintien plein de charme et de grâce. Dans ses vêtements du dimanche, elle avait tout à fait l'air d'une grande dame. Mais je la vis plusieurs fois dans la rue, quand elle revenait de la visite de ses immeubles, et son aspect souffrant, abattu me choquait à chaque fois. Sa démarche lasse et traînante disait clairement avec tristesse : « Je mourrai bientôt. » Pendant qu'elle marchait ainsi, ses yeux étaient tournés vers le ciel. On remarque souvent chez les femmes ce genre de regards levés vers le ciel. Il perçait parfois de ses yeux une supplique, la demande d'un peu d'amour. Quand elle souriait gaiement, elle avait quelque chose de profondément charmant. Dans sa jeunesse, elle avait dû être la grâce même. Elle m'avait dit une fois que lorsqu'elle était enfant, on l'appelait tendrement « la petite dernière ». Au fond de son cœur, elle est peut-être toujours restée l'habitante rêveuse d'une petite ville. Pauvre cœur ! Pauvres rêveries déçues ! Madame Scheer avait des petits pieds très gracieux. Je voyais souvent sur le sol de la cuisine ses étroites et jolies petites bottines qui m'intéressaient parce qu'elles semblaient vouloir me raconter l'histoire de la vie de Madame Scheer. L'amour fanatique de l'argent, l'étrange passion à le gagner qui habitaient cette femme me semblent avoir été une authentique particularité des habitants des petites villes. Dans ses très jeunes années, elle avait fait une fois avec son mari un voyage en Suisse et à l'âge de la vieillesse, elle savait encore en vanter les beautés de manière délicieuse. Elle avait vu Lucerne, était allée au Rigi. Une remarque fugitive laissa entendre qu'autrefois elle avait fait de la bicyclette avec enthousiasme. J'avoue qu'il s'agit là de bagatelles, mais elles me sont chères et je suis incapable de passer froidement outre ces petits détails. Et à vrai dire, rien ne me paraît quantité négligeable. Madame Scheer avait eu la bonté de m'inviter à circuler sans contrainte dans tout son appartement comme s'il m'appartenait et, naturellement, je faisais volontiers usage d'une si aimable liberté. Du reste, rien dans ce logement ne méritait d'être vu. Dans le bureau de cette femme, il y avait toujours des piles de documents qui attendaient patiemment qu'on s'occupe d'eux. La cuisine était visiblement sale, le salon était envahi par le désordre et la poussière. Madame Scheer n'était pas vraiment une femme d'intérieur, elle, la propriétaire de quinze immeubles. Comme elle soupirait souvent ! Quand je la voyais ainsi, je pensais parfois que j'allais la voir s'effondrer sous sa charge de travail.

Je me souviens qu'une nuit, nous étions tous les deux à converser devant la porte de ma chambre. C'était la première fois depuis assez longtemps que je lui parlais plus longuement et avec davantage d'amitié. Elle m'écoutait silencieusement avec une belle et très délicate attention. Mon éloquence semblait lui procurer la plus grande joie. Elle parlait aussi. Madame Scheer s'exprimait avec une admirable légèreté. « Vous avez toujours été, dit-elle, alors que nous habitons ensemble depuis si longtemps déjà, un homme si froid, si rigide, si distant. Cela m'a souvent fait mal, mais je me réjouis d'autant plus maintenant de votre familiarité agréable et aimable. Vous allez votre chemin, toujours si seul, vous m'accordiez rarement un salut ou un regard, ce qui m'a fait beaucoup de peine. Et pourtant, je le vois et je l'entends à présent, vous savez être si aimable. Je pensais parfois, parce que vous m'avez dit un jour que vous aimiez les promenades solitaires et que vous alliez beaucoup dans la forêt, que vous pourriez avoir l'idée de vous faire du mal ou que là-bas dans la forêt, il pourrait vous arriver quelque chose de malheureux. Par bonheur, je vous vois en bonne santé et cela me réjouit. » « Pardonnez-moi s'il m'est arrivé d'être désagréable », dis-je. Elle me répondit avec une gentillesse évidente : « Cela n'a pas d'importance. » Elle était là, debout, avec une légèreté si touchante, si belle, si juvénile, et je me reprochai en silence le comportement que j'avais eu. Je lui tendis la main pour lui montrer que je savais apprécier la bienveillance et la familiarité de l'instant comme une chose humainement belle, et elle la serra avec un vif plaisir. Ce fut un moment privilégié, chaleureux et fort ; il restera toujours dans mon souvenir.

Comme j'étais souvent désœuvré par manque d'une activité véritable alors que je voyais Madame Scheer débordée de travail, je lui proposai à l'occasion de l'aider dans ses nombreuses affaires et elle n'hésita pas un seul instant à accepter mon offre. Qu'il est bon et comme cela fait du bien d'aider quelqu'un qui en a besoin. Aujourd'hui que tout cela est fini depuis bien longtemps, je me réjouis d'être tout de même sorti à temps de l'indifférence, de la froideur et de l'insensibilité, et d'être parvenu à entrer avec cette femme dans une relation bonne, empreinte de sympathie. Il semble que grâce à cela je redevenais beaucoup plus jeune. J'écrivais des lettres, je m'occupais de ceci et de cela et quand Madame Scheer s'absentait, je recevais les requêtes et les doléances, j'encaissais les paiements que j'acquittais avec les remerciements les meilleurs et les plus sincères, j'établissais des contrats. Émissaire et secrétaire secret, messager et commissionnaire, homme de confiance, je courais et accourais ici et là, dans toutes les institutions et maisons imaginables, et l'exacte connaissance de la ville que j'avais acquise au cours de mes plaisantes promenades d'autrefois, m'était d'un grand secours. Employé ponctuel et fidèle de la maison Scheer, je visitais des immeubles neufs et je me plaisais alors à arborer devant les ouvriers et les artisans un air de fonctionnaire et d'homme d'affaires, la mine la plus sévère possible pour me procurer malgré tout le plus grand respect chez les gens qui n'en témoignent pas volontiers ; j'avais la tête pleine de terrains immobiliers, de contrats de locations, d'hypothèques, de bien-fonds, de bâtiments, et finalement, j'étais le plus parfait des inspecteurs, contrôleurs et administrateurs. Je me voyais souvent marcher et flâner dans des ruelles et des rues pleines de monde avec dans la poche des sommes de vingt à trente mille francs en liquide, et bien des employés de banque prudents s'étonnèrent d'abord un peu et se seront probablement demandé, avant de me verser des montants élevés et inquiétants, comment une femme riche pouvait se hasarder à accorder une si grande confiance à un tel sujet. Quand je rentrais à la maison, je recevais invariablement un beau et touchant sourire de reconnaissance en guise de récompense pour mes services assidus, sincères et honnêtes. Dieu sait que rendre de tels services me procurait et me procure un plaisir vif et grand.

De son côté, Madame Scheer ne manquait aucunement d'attention à mon égard dans la mesure où elle n'acceptait aucun loyer de ma part. Ainsi, j'habitais gratuitement ; durant ses loisirs, cette femme se faisait aussi une joie de faire la cuisine pour moi. Comme on peut l'imaginer, je la laissais faire volontiers. D'une part, comme je l'ai déjà souligné, mes propres affaires allaient mal et d'autre part, je voyais avec les yeux et sentais avec le nez et ne remarquais en général que trop clairement avec quel vrai plaisir de femme, une maîtresse de maison va au marché pour acheter de la verdure et d'autres choses, et se sentir être ainsi une ménagère active et attentionnée. Elle était froissée quand je mangeais peu et aurait été profondément malheureuse si je n'avais rien voulu manger du tout. Je pense que, parfois, un homme doit accepter la bonté et la générosité puisqu'à d'autres moments, il faut bien aussi accepter le contraire. Quand par ailleurs, je refusais assez sèchement toutes les autres bontés que Madame Scheer était disposée à m'offrir, elle disait, mécontente : « Vous êtes méchant. » La pauvre femme, elle rêvait ! Elle oubliait qui elle était. Elle oubliait sa triste et laide existence, ses infirmités et sa vieillesse désenchantée. Elle oubliait la cruauté du monde et si quelque chose venait à la lui rappeler, les larmes lui montaient aux yeux. Elle s'enthousiasmait comme si elle avait vingt ans, et quand son âge et toute la méchanceté du monde lui revenaient à l'esprit, elle avait sans le vouloir un visage méchant, le visage de la méchante et cupide Madame Scheer. Après tout, sa vie tirait à sa fin et personne ne me fera croire que les champs de bataille et autres horreurs sont plus terrifiants et effrayants que la fin de n'importe quel être humain. Mourir est en soi cruel, et chaque vie humaine est une vie de héros, et mourir est partout et toujours également sinistre, cruel et triste, et tout être humain doit se préparer à la plus grande misère et au pire, et toute chambre où repose un mort est un lieu de tragédie, et jamais, dans aucune vie humaine, cette tragédie sublime n'a manqué.

« J'aimerais tant renaître, recommencer une vie nouvelle, être toute petite et jeune pour renouer avec la vie, mais alors, j'aimerais vivre tout à fait différemment. J'aimerais être une femme pauvre et insignifiante, j'aimerais être bonne et douce et aimer mes semblables pour qu'en retour, ils m'aiment et aient plaisir à me voir. Et ma joie de vivre ne devrait pas être une joie si triste. Elle devrait être d'une tout autre, vraiment d'une tout autre sorte. Mon Dieu, comme je meurs à contrecœur, je souhaiterais tant prendre des chemins meilleurs. N'est-ce pas, vous comprenez, vous me respectez un peu et vous avez un peu d'affection pour moi. Tous les gens me méprisent et me haïssent, se raillent de moi et me souhaitent le malheur. Ma fortune ! Qu'en faire à présent, quelle consolation m'apporte-t-elle ? Je voudrais vous donner un million ! Mais que vous donnerais-je alors ? Je voudrais vous donner plus, beaucoup plus. J'aimerais vous rendre heureux, mais je ne vois pas comment. Je vous aime beaucoup et cela vous suffit peut-être car j'ai remarqué depuis longtemps que vous êtes un être modeste. La possession ne vous procure pas de joie. Vous avez le sens de l'honneur aussi, et vous y veillez très soigneusement. Alors, laissez-moi au moins vous dire que votre présence m'est une grande joie. Je vous remercie d'avoir toujours accepté d'être un peu en relation avec moi et d'avoir fait preuve de temps en temps de gentillesse à mon égard ». Voilà ce qu'elle me dit un soir dans sa chambre. Je ne sus pas quoi lui répondre et me mis à parler d'autre chose.

Je me souviens d'une nuit de la Saint-Sylvestre où j'étais avec Madame Scheer devant la fenêtre ouverte. Dehors, tout était enveloppé d'un brouillard épais. Nous écoutions les cloches sonnant la nouvelle année. À l'automne qui suivit, elle tomba malade et les médecins lui conseillèrent une opération. Elle avait à se décider et entra en clinique d'où elle ne revint plus. Elle ne laissait pas de testament. Toutes les recherches restèrent vaines.

Les membres de sa famille se partagèrent sa fortune. En ce qui me concerne, je partis peu après. J'avais hâte de revoir mon lointain pays dont la vue m'avait manqué durant de longues années.

Complet

Quand dans l'antique et encombrant omnibus à chevaux, qui trottinait pourtant avec souplesse, je traversais les rues et la vie de Berlin, ce qui me revigorait et m'amusait toujours, j'ai souvent entendu le contrôleur plus très jeune et bienveillant dire d'une cocasse et modeste façon ce petit mot insignifiant, mais à cet instant tout de même assez important et qui, par souci de l'ordre et du règlement, figurait d'ailleurs aussi sur une pancarte qu'on pouvait afficher ou non, l'inscription : COMPLET.

Était-elle joliment et gentiment accrochée, les gens savaient que momentanément, plus personne ne pouvait grimper puisque la gondole ou le plaisant habitacle sur roues était déjà presque plein à craquer, circonstance déplorable que la pancarte de mise en garde annonçait avec suffisamment de clarté : « Halte ! Qui que vous soyez ; jusqu'ici et pas plus loin ! ». Malgré la pancarte qui refusait et éconduisait des passagers, il y avait parfois une grande affluence, un besoin frénétique de monter dans la voiture et d'embarquer. Alors, le chambellan de service pouvait dire d'une voix polie : « Mesdames et Messieurs, c'est complet », ou encore, « Ne poussez pas, cela ne sert à rien », ou il lui venait peut-être à l'esprit de dire « C'est avec le plus vif plaisir que je vous engage à monter et à prendre place, mais j'ai le pénible devoir de vous signaler que la voiture est bondée de passagers jusque dans le plus petit recoin. Excusez-moi très sincèrement d'être contraint de vous refuser l'entrée et le passage. » Tandis que d'un côté, on se précipitait et assaillait et que de l'autre, on rejetait et repoussait, le bateau continuait à voguer, toujours avec calme et entrain, au beau milieu de la circulation de la grande ville qui ressemblait presque à un océan. Et voilà qu'un passager fougueux veut à nouveau se précipiter dans la voiture, mais déjà, le mot « complet » résonne calmement aux oreilles de l'effronté, sur quoi il doit retirer sa jambe du marchepied avec précaution.

Un jour, tandis que l'omnibus avançait joliment et à belle vitesse, que tout allait sans accroc et pour le mieux, que personne ne pensait le moins du monde à une agression ou à un coup de force, un passager fit irruption, apparemment habitué de naissance à passer outre et à démolir tout ce qui se mettait en travers de son chemin.

« Monsieur, c'est complet », remarqua le fonctionnaire.

« Balivernes, bêtises », rétorqua Monsieur[1] Impudent. C'était pour sûr quelqu'un qui trouvait

1. En français dans le texte.

malin d'exercer une politique de force. « Excusez-moi, n'avez-vous pas entendu ce que j'ai dit ? », demanda le brave convoyeur. Un véritable torrent de grossièretés se déversa alors sur sa pauvre tête. Le choc et cette inondation désagréable, imprévue, furent si violents que le brave homme dut céder. Il se lamenta pourtant et s'exprima comme suit :

« Tout de même, ça n'est pas juste, et c'est une chance que tous les voyageurs ne soient pas comme ce Monsieur qui m'injurie, alors que la seule chose que je lui ai dite était "complet". C'était bien de mon devoir de le lui dire, mais certaines personnes veulent tout piétiner et écraser lorsqu'elles se sont mis quelque chose en tête. Je ne dis pas "complet" pour le plaisir ou pour contrarier les gens ou parce que je me réjouirais du malheur d'autrui. Chacun exerce son métier et fait son devoir quotidien, et il se trouve que le mien est de dire "complet" quand il le faut. Donc il est tout à fait injuste de s'en indigner. La rapidité avec laquelle certaines personnes se mettent en colère est d'ailleurs ridicule. Mais bon ! Moi, je m'occupe des gens raisonnables et Dieu merci et heureusement, ceux-ci n'ont pas encore disparu. »

Ainsi parla le contrôleur tandis que l'omnibus cahotant poursuivait tranquillement son chemin.

La petite Berlinoise

Aujourd'hui, Papa m'a donné une gifle, bien sûr une gifle tout à fait paternelle, une gifle tendre. J'employai alors la formule « Papa, t'es vraiment toqué », ce qui était tout de même un peu imprudent. « Les dames doivent employer un langage soigné » dit notre professeur d'allemand. Elle est affreuse. Mais Papa ne veut pas que je trouve cette personne ridicule et peut-être a-t-il raison. Après tout, on va à l'école pour faire preuve d'un certain zèle et d'un certain respect. Il est d'ailleurs facile et mesquin de découvrir du comique chez nos semblables et d'en rire. Les jeunes femmes doivent s'habituer à la finesse et à la noblesse, je le reconnais très volontiers. On ne me demande pas le moindre travail, on ne m'en demandera jamais aucun, mais en revanche, on attendra de moi des manières distinguées. Exercerai-je plus tard un quelconque métier ? Mais non voyons ! Je serai une jeune femme chic, je me marierai. Il est possible que je tourmente mon mari. Mais ce serait abominable. On se méprise toujours en croyant devoir mépriser quelqu'un. J'ai douze ans. Je dois être mentalement très développée, sinon je ne penserais jamais à des choses pareilles. Aurai-je des enfants ? Et comment cela se passera-t-il ? Si mon futur mari n'est pas une personne méprisable, eh bien oui, je le crois fermement, j'aurai un enfant. Puis j'éduquerai cet enfant. Mais j'ai moi-même encore besoin d'éducation. Comment peut-on penser à de telles bêtises ?

Berlin est la ville la plus belle, la plus cultivée du monde. Je serais affreuse si je n'y croyais pas dur comme fer. L'empereur ne vit-il pas ici ? Aurait-il besoin d'habiter ici si ce n'était pas l'endroit qui lui plaît le plus ? Récemment j'ai vu le prince héritier et son épouse en calèche. Ils sont délicieux. Le prince rayonne comme un jeune dieu et comme la noble dame à ses côtés me parut belle. Elle était tout emmitouflée dans des fourrures parfumées. Du bleu du ciel, il semblait pleuvoir des fleurs sur les époux. Le zoo est magnifique. Je vais m'y promener presque chaque jour avec Mademoiselle notre gouvernante. Des heures durant on peut y marcher sous les arbres sur des chemins droits ou sinueux. Même Père, qui en somme n'aurait pas besoin de s'enthousiasmer, s'est entiché du zoo. Père est un homme cultivé. Je crois qu'il m'aime follement. Ce serait terrible s'il lisait ces lignes, mais je vais déchirer ce que j'ai écrit. Dans le fond, il est inconvenant d'être à la fois encore si bête et si immature que moi et de vouloir déjà écrire un journal. Mais parfois, on s'ennuie un peu et on se laisse facilement entraîner à faire des choses déplacées. Mademoiselle est très gentille, enfin, en général. Elle est fidèle et elle m'aime. En outre, elle porte vraiment du respect à Papa, c'est le principal. Elle a la taille fine. Notre ancienne gouvernante était grosse comme une grenouille. Elle avait toujours l'air d'éclater. Elle était Anglaise. Elle est certainement encore Anglaise, mais dès l'instant où elle se permit des impertinences, cela ne nous regarda plus. Papa l'a chassée.

Nous deux, Papa et moi, allons bientôt voyager puisque c'est maintenant le moment où les gens honnêtes se doivent de partir. Celui qui ne voyage pas en des temps aussi verdoyants et florissants n'est-il pas suspect ? Papa est attiré par les plages du bord de mer et restera probablement allongé des heures durant dans le sable pour rôtir à point au soleil d'été. C'est en septembre qu'il a toujours la mine la meilleure. La pâleur de la fatigue ne sied pas à son visage. Et moi, j'aime le bronzage sur le visage d'un homme. C'est alors comme s'il revenait de la guerre. De vrais enfantillages, non ? Oui, bien sûr, je suis encore une enfant. En ce qui me concerne, je vais dans le sud. D'abord quelque temps à Munich, puis à Venise où habite une personne qui m'est indiciblement chère, Maman. Pour des raisons dont je ne saisis pas la profondeur et que je suis donc incapable d'apprécier, mes parents vivent séparés. Je vis la plupart du temps chez Papa. Mais bien entendu, Maman a aussi le droit de me posséder, du moins pour un temps. Je me réjouis formidablement de ce voyage à venir. J'aime voyager et je crois que presque tout le monde aime cela. On monte dans un train, il démarre et voilà, on prend le large, assis et porté loin vers l'inconnu. Comme j'ai de la chance quand j'y pense. Que sais-je de la misère, de la pauvreté ? Rien du tout. Je ne trouve d'ailleurs pas du tout nécessaire de faire des expériences aussi indignes. Mais les enfants pauvres me font pitié. Moi, dans des conditions pareilles, je sauterais par la fenêtre.

Papa et moi, nous habitons le quartier le plus distingué. Les quartiers qui sont tranquilles, d'une propreté méticuleuse et un peu vieillots, sont des quartiers distingués. Le tout neuf ? Je n'aimerais pas habiter dans une maison toute neuve. Dans ce qui est nouveau, il y a toujours quelque chose qui cloche. Dans notre quartier, où les maisons ont un jardin, on ne voit presque pas de pauvres, par exemple des ouvriers. Des propriétaires de fabriques, des banquiers et des gens fortunés dont la profession est la richesse habitent près de chez nous. Donc, Papa doit être pour le moins très à l'aise. Les gens pauvres et pas très riches ne peuvent tout simplement pas habiter ici parce que les logements y sont bien trop chers. Papa dit que la classe dans laquelle règne la misère vit au nord de la ville. Quelle ville. Qu'est-ce que c'est, le nord ? Je connais Moscou mieux que le nord de notre ville. On m'a envoyé de nombreuses cartes postales de Moscou, de Petersbourg, de Vladivostok et de Yokohama. Je connais les plages belges et hollandaises, je connais l'Engadine avec ses montagnes hautes comme le ciel et ses prairies vertes, mais ma propre ville ? Berlin est peut-être un mystère pour beaucoup, beaucoup de ceux qui l'habitent. Papa soutient l'art et les artistes. Ce qu'il fait, c'est du commerce. Bon, les princes font aussi souvent du commerce et puis les affaires de Papa sont d'une distinction absolue. Il achète et vend des tableaux. Dans notre appartement sont accrochés de très beaux tableaux. Les affaires de Papa se passent, je crois, de la manière suivante : normalement, les artistes ne comprennent rien aux affaires ou pour de quelconques raisons, ne doivent rien y comprendre. Ou bien c'est ainsi : le monde est grand et a le cœur froid. Le monde ne pense jamais à l'existence des artistes. Alors entre en scène mon père qui possède les manières d'un homme du monde et toutes sortes de relations importantes. Habile et fin diplomate, il attire l'attention de ce monde, qui dans le fond n'a peut-être pas du tout besoin d'art, sur l'art et sur les artistes nécessiteux. Papa méprise souvent ses acheteurs. Mais il méprise aussi souvent les artistes. C'est selon.

Non, je n'aimerais habiter nulle part ailleurs qu'à Berlin. Les enfants des petites villes, ces villes qui sont toutes vieilles et moisies, vivent-ils mieux qu'ici ? Bien sûr, il y a là-bas certaines choses qui n'existent pas chez nous. Le romantisme ? Je crois ne pas me tromper en considérant comme romantique ce qui ne vit plus qu'à moitié. Ce qui est abîmé, décrépi, malade, un très vieux mur d'enceinte par exemple. Ce qui ne sert à rien, ce qui est beau d'une manière mystérieuse, voilà ce qui est romantique. J'aime rêver à ce genre de choses, et à mon sens, il suffit d'y rêver. En fait, la chose la plus romantique qui soit c'est le cœur, et tout être capable de sentiments porte en lui des villes anciennes entourées de très vieilles murailles. D'ici peu, notre Berlin va tout simplement éclater sous la nouveauté. Père dit que tout ce qui possède une valeur historique va disparaître, que plus personne ne connaît le vieux Berlin. Père sait tout ou du moins presque tout. Donc, sa fille en profite naturellement. Oui, les petites villes situées au beau milieu du paysage peuvent aussi être belles. On peut y trouver de délicieuses petites cachettes pour jouer, des cavernes pour ramper, des prairies, des champs et à quelques pas seulement, la forêt. Ces localités-là sont comme dans un écrin de verdure, mais Berlin possède un palais d'hiver où en plein été les gens peuvent faire du patin à glace. En toutes choses, Berlin a tout simplement une longueur d'avance sur toutes les autres villes allemandes. C'est la ville la plus propre, la plus moderne du monde. Qui dit cela ? Papa bien sûr. Comme il est bon, tout compte fait. Oui, il peut beaucoup m'apprendre. Nos rues berlinoises ont vaincu toute la saleté et toutes les ornières. Elles sont lisses comme des surfaces de glace et brillent comme des parquets méticuleusement frottés. En ce moment, on voit quelques personnes faire du patin à roulettes. Qui sait, peut-être en ferai-je un jour aussi, si entre-temps le patin à roulettes n'est pas déjà démodé. Il y a ici des modes qui ont à peine le temps d'éclore. L'année dernière, tous les enfants, et beaucoup d'adultes aussi, jouaient au diabolo. Eh bien, ce jeu est maintenant passé de mode, on n'aime plus y jouer. Ainsi tout change. Berlin donne toujours le ton. Personne n'est contraint d'imiter ; et pourtant, Dame Copie est la grande et noble maîtresse de cette vie. Tout le monde imite.

Papa peut être charmant, en fait, il est toujours gentil mais il se met parfois en colère à propos de je ne sais quoi et devient alors vilain. Oui, en le regardant, je vois combien la fureur dissimulée, combien la contrariété enlaidissent. Si Papa n'est pas de bonne humeur, du coup je me sens comme un chien battu et c'est pourquoi Papa devrait éviter de montrer à son entourage, même s'il n'est composé que de sa fille, ses humeurs et son mécontentement. Oui, les pères commettent là un péché. Je le ressens vivement. Mais qui n'a pas de faiblesses, aucun, absolument aucun défaut ? Qui est sans péché ? Les parents qui ne jugent pas nécessaire de préserver leurs enfants de leurs fureurs personnelles les ravalent en un clin d'œil au rang d'esclaves. Un père doit vaincre ses méchantes humeurs dans son coin (mais comme c'est difficile !) ou les confier à des personnes extérieures. Une fille est une jeune dame et tout procréateur cultivé devrait montrer un esprit chevaleresque. Je le dis expressément : chez Père, je me trouve vraiment comme au paradis et si je lui découvre des défauts, c'est son intelligence, la sienne et non pas la mienne, qu'il m'a sans aucun doute transmise, qui l'observe avec rigueur. Mais que Papa passe sa colère sur ceux qui d'une certaine façon se trouvent sous sa dépendance. Il en tourne bien assez autour de lui.

J'ai ma propre chambre, mes meubles, mon luxe, mes livres, etc. Et Dieu sait qu'à vrai dire, je suis richement installée. En suis-je reconnaissante à Papa ? Drôle de question. Je suis obéissante, et puis, je suis tout de même sa propriété, et finalement, il peut bien être fier de moi. Je lui donne à réfléchir, je suis son souci domestique, il a le droit de me houspiller et je considère toujours comme une espèce de devoir subtil de me moquer de lui lorsqu'il me houspille. Papa fulmine volontiers, il a de l'humour et du tempérament à la fois. À Noël, il me couvre de cadeaux. À propos, mes meubles ont été créés par un artiste qui n'est certainement pas un inconnu. Somme toute, Papa n'entretient des relations qu'avec des gens qui ont un nom. Il fréquente des noms. Si de surcroît, il y a un être humain derrière le nom, eh bien tant mieux. Comme cela doit être terrible de savoir qu'on est célèbre et de sentir qu'on ne le mérite pas du tout. J'imagine toutes ces célébrités. Une telle gloire n'est-elle pas comme une maladie incurable ? Mais de quelle façon est-ce que je m'exprime ! Mes meubles sont laqués en blanc et ont été décorés de fleurs et de fruits par une main artiste. Ils sont charmants et celui qui les a peints est un excellent homme que Papa estime beaucoup. Mais les gens estimés par

Papa doivent en retour s'en sentir flattés. Je veux dire que cela signifie quelque chose lorsque Papa se montre bienveillant à l'égard de quelqu'un, et ceux qui ne le sentent pas et agissent comme si cela leur était égal se font naturellement du tort. Ils n'ont pas le regard assez malin. Je tiens mon père pour un homme rare ; il est tout à fait évident qu'il exerce une influence dans le monde.

Un grand nombre de mes livres m'ennuient. Ma foi, ce ne sont pas les bons, comme par exemple les soi-disant livres « pour enfants ». Ces livres sont une insolence ! Comment ? On ose donner à des enfants des livres qui ne dépassent pas leur horizon ? Il ne faut pas parler un langage d'enfants aux enfants, c'est infantile. Moi qui suis aussi une enfant, je déteste les enfantillages.

Quand cesserai-je de m'occuper avec des jouets ? Non, les jouets sont charmants et je jouerai encore longtemps à la poupée, ça je le sais, mais je joue en le sachant. Je sais que c'est bête, mais que les choses bêtes et inutiles sont belles. C'est ainsi, je pense, que ressentent les natures d'artistes. Chez nous, c'est-à-dire chez Papa, divers artistes viennent souvent manger. Bon, ils sont invités et puis ils arrivent. Souvent c'est moi qui écris les invitations, Mademoiselle aussi, et il règne une grande et joyeuse animation à notre table qui, sans me vanter ou en faire volontairement étalage, ressemble naturellement à la table bien mise d'une grande maison.

Papa s'entoure apparemment très volontiers de jeunes, de personnes moins âgées que lui et pourtant, en fait, c'est toujours lui le plus vif et le plus jeune. La plupart du temps on n'entend parler que lui, les autres écoutent ou se permettent de petites remarques, ce qui est souvent très drôle. Père les éclipse tous par sa culture et le dynamisme de sa vision du monde, et je vois clairement que tous ces gens apprennent bien des choses. À table, il m'arrive souvent de rire, ce qui me vaut alors une réprimande, douce ou moins douce. Oui, et chez nous, après le repas, on paresse. Papa s'allonge sur le canapé en cuir et commence à ronfler, ce qui à vrai dire n'est pas vraiment de bon ton. Mais je suis entichée des manières de Papa. Ses ronflements honnêtes me plaisent aussi. Veut-on ou peut-on vraiment toujours amuser le monde ?

Père dépense certainement beaucoup d'argent. Il a des recettes et des dépenses, il vit, il réalise des bénéfices et il fait vivre. Il a même un peu l'air d'un dépensier et d'un gaspilleur. Il est sans cesse en mouvement. Sans aucun doute, il fait partie de ceux pour qui risquer toujours quelque chose est un délice, même une nécessité. Chez nous, il est beaucoup question de succès et d'échecs. Celui qui mange chez nous et nous fréquente a obtenu certains succès petits ou grands dans le monde. Qu'est-ce que le monde ? Une rumeur ? Un commérage ? En tout cas mon père s'y trouve, au beau milieu, au beau milieu de ce qui se dit. Peut-être en est-il même jusqu'à un certain point l'initiateur. Le but de Papa est en tout cas d'exercer un pouvoir. L'épanouissement et l'affirmation de soi, voilà ce qu'il cherche pour lui-même et pour ceux à qui il s'intéresse. Son principe : celui dont je ne me soucie pas se nuit à lui-même. Cette manière de penser fait que Papa est toujours sainement persuadé de sa valeur humaine et peut aller dans le monde avec fermeté et assurance, comme il convient. Celui qui se croit sans valeur n'éprouve aucune difficulté à commettre des vilenies. Mais comment est-ce que je parle ? Cela me vient-il de Père ?

Suis-je bien éduquée ? Je renonce à en douter. On m'éduque comme une jeune fille vivant dans une grande ville doit être éduquée, avec familiarité mais aussi avec une certaine sévérité mesurée qui me permet et en même temps m'ordonne de m'habituer au savoir-vivre. L'homme qui m'épousera devra être fortuné ou avoir de bonnes raisons d'espérer qu'il disposera de solides ressources. Pauvre ? Je ne peux pas être pauvre. Il est impossible que moi et les créatures qui me ressemblent souffrent de misère pécuniaire. Ce sont des bêtises. D'ailleurs, le mode de vie que j'adopterai sera très certainement la simplicité. Je déteste le clinquant. La simplicité doit être un luxe. En tous temps, la propreté doit reluire et l'extrême pureté de vie ainsi exigée coûte de l'argent. Le confort est cher. Comme mes paroles sont énergiques ! N'est-ce pas un peu imprudent ? Est-ce que j'aimerai ? Qu'est-ce que l'amour ? Quelles bizarreries et quelles délices m'attendent encore alors qu'il me semble être si ignorante des choses que je suis encore trop jeune pour connaître. Quelle sera ma vie ?

En tramway

Prendre le tramway est un plaisir peu coûteux. Quand la voiture arrive, on monte en laissant peut-être poliment la priorité à une élégante silhouette féminine, et le tramway poursuit sa course. Tout de suite on s'aperçoit qu'on est assez doué pour la musique. Les mélodies les plus douces résonnent dans la tête. En un clin d'œil, on s'est hissé au rang d'un chef d'orchestre de tout premier ordre ou même de compositeur. Oui, c'est vraiment comme cela : dans le tramway, le cerveau humain se met sans le vouloir à composer des chansons, des chansons d'une spontanéité et d'un rythme si achevé qu'on pourrait être tenté de se prendre tout à coup pour Mozart.

Entre-temps, on s'est peut-être même roulé une cigarette et on se l'est mise avec le plus grand soin entre des lèvres expertes. Avec un tel truc entre les dents, il est impossible d'être tout à fait désespéré, même si on a l'âme déchirée par la souffrance. Est-ce ici le cas ? Pas du tout. On voulait juste décrire la magie qu'année après année, cette chose blanche et fumante est capable d'exercer sur les humeurs. Et qu'est-ce qu'on fait à présent ?

Notre tramway est constamment en mouvement. Dans les rues par lesquelles on passe, il pleut, et c'est encore un nouvel agrément. Pour certaines personnes, il est terriblement agréable de voir qu'il pleut et de sentir en même temps qu'on n'est pas trempé. L'image que donne une rue grise et mouillée a quelque chose de consolant et de rêveur, et on se trouve donc là, regardant droit devant soi, sur la plate-forme arrière du tramway qui avance, grinçant et ronchonnant. Regarder droit devant soi, voilà ce que font presque tous les gens qui sont assis ou debout dans le tramway.

Car bien sûr, on s'ennuie un peu durant ces courses qui vous prennent souvent vingt ou trente minutes ou encore plus longtemps, et que fait-on pour se procurer un peu de distraction ? On regarde droit devant soi. Montrer du regard et du geste qu'on se barbe un petit peu, cela ménage un plaisir tout à fait particulier. Et maintenant, on scrute de nouveau le visage du contrôleur, l'instant d'après on se borne à regarder fixement devant soi, les yeux vides. N'est-ce pas joli ? Une fois comme ceci, une fois comme cela ? Je dois avouer que j'ai déjà acquis une certaine maîtrise technique dans le regard droit devant soi.

Il est interdit au contrôleur de bavarder avec les distingués voyageurs. Mais que se passe-t-il si des interdits sont contournés, des lois transgressées, des avertissements de nature si délicate et philanthropique ignorés ? C'est fréquent. Une causerie avec le conducteur promet d'être une détente des plus charmantes et moi, justement, je sais presque toujours saisir une occasion de commencer une conversation amusante et fructueuse avec l'employé des tramways. Cela vaut la peine de ne pas respecter certains règlements, et tenter l'impossible pour faire parler les uniformes contribue au bien-être.

Mais de temps en temps, on regarde à nouveau droit devant soi. Ce simple exercice une fois terminé, on peut éventuellement se permettre un petit coup d'œil à la ronde. Le regard vagabonde dans le wagon sur d'épaisses moustaches tombantes, sur le visage d'une vieille femme fatiguée, frôle les yeux malicieux d'une jeune fille, jusqu'à ce que, rassasié par l'étude du quotidien, on se mette lentement à observer ses propres chaussures qui ont bien besoin d'être réparées. Et voilà encore de nouveaux arrêts, de nouvelles rues et on passe des places, des ponts, devant le Ministère de la Guerre et le grand magasin, et il pleut toujours et on fait encore comme si on s'ennuyait un brin et on continue à penser que c'est ce qu'il faut faire.

Mais en voyageant ainsi, on a peut-être entendu ou vu quelque chose de beau, de gai ou de triste qu'on n'oublie pas.

Quelques lignes sur le chemin de fer

Qu'il est joli de flâner dans une gare et de pouvoir observer à son aise les voyageurs qui arrivent et ceux qui partent. Comme certains misérables et très pauvres diables, car c'est un plaisir qui ne coûte rien. Il ne nécessite pas de formes ni de règles non plus, on est simplement là, peut-être même les mains dans les poches, une cigarette ou un bout de cigare entre les lèvres, dans une attitude presque inconvenante et sans que quiconque vous dévisage d'une façon ou d'une autre, et on se régale ainsi du plus animé et du plus vivant des spectacles du monde, car on est dans une gare. Les gares de campagne peuvent être tout simplement charmantes avec les jardins et les bouquets d'arbres qu'on trouve généralement près de tels bâtiments, mais les gares des capitales et villes de résidence sont vraiment plus vivantes et l'animation y est parfois encore plus belle que toute la beauté et le calme de la campagne. Pour les chômeurs et toutes les autres catégories de désœuvrés que la vie et l'agitation industrielle, artistique et commerciale jettent parfois sur le pavé, les gares et le spectacle des trains qui partent et qui arrivent sont l'idéal. Le flâneur a beaucoup de temps, c'est pourquoi il observe presque tout, déambule lentement, d'un pas mesuré, élégant et distingué sur le quai bien propre, en portant son regard de tous côtés. Comme tout cela grouille de monde qui marche dans tous les sens ! Aux guichets, il y a souvent de véritables rassemblements populaires et des attroupements revendicateurs, comme si on se trouvait au beau milieu d'une année révolutionnaire passionnée. Chacun veut son billet aussi vite que possible, mais habituellement, il n'a ni préparé ni compté sa monnaie, comme le stipule la pointilleuse administration ferroviaire. Le flâneur a de la chance, il n'a pas besoin de courir ni de craindre que le rapide ne parte sous son nez. « J'étais en train de monter et Dieu m'est témoin, voilà que ce diable noir démarre à un poil de mon chapeau. » Voilà ce que disent ceux qui ont des intentions de voyage, mais pas celui dont le souhait est de regarder tout joyeux et tout tranquille ce qui se passe. Comme la foule court, se bouscule, se pousse, se heurte, quelle cohue ! Ah, un train important entre en gare, on est là, à regarder comment on se tombe dans les bras, comment on distribue des baisers, de gauche et de droite, comment on agite les chapeaux, comment les charmants visages des femmes rougissent, comment les mains et les bras se tendent et s'accueillent, comment les yeux brillent, comment les domestiques qui attendent leurs maîtres prennent le garde-à-vous en les apercevant avant de les décharger lestement de leurs petites valises, de leurs paquets et de toutes sortes de choses ridicules.

Après deux ou trois minutes, le remue-ménage est habituellement terminé et le flâneur va se poster ailleurs. Dans les gares, il se passe toujours et partout quelque chose, le flâneur le sait et c'est pourquoi il ne craint pas de s'ennuyer. Pas un instant. Il entre dans le restaurant de troisième, de quatrième, de sixième, ou pourquoi pas, de quatorzième classe, qui est toujours plein de monde éparpillé sur des bancs, des chaises ou assis à des tables. Il s'est déjà habitué à la méchante odeur qui règne toujours dans ce genre de lieux, rien ne peut donc amoindrir ou gâcher son plaisir. Le fil avec lequel il l'a cousu à son spectacle tient solidement et voilà qu'il boit peut-être une bière ou bavarde avec un honnête ouvrier qui a pris place sur sa valise, comme s'il craignait que quelqu'un puisse croiser son chemin et le dépouiller de toute sa fortune. De temps à autre, le désœuvré se permet d'aller dans les salles d'attente de première et de deuxième classe pour rendre une visite brève mais voyante à la qualité et à l'élégance qui prennent ici princièrement leurs aises. Il est parfois chassé par un fonctionnaire sévère en uniforme, mais cela le laisse froid puisqu'il a de nouveau pu voir de ses yeux un beau spectacle ! S'il est bien vêtu, il s'assied discrètement au milieu de la haute noblesse et de la troupe des spécialistes de la banque et commande un cognac qu'il boit en connaisseur digne et pensif, en commençant une conversation avec la jolie serveuse en costume de l'Oberland bernois. « Rapide à destination de Milan, départ dans quatre minutes », annonce un employé de toute évidence courtois ; notre homme se lève, paie ce qu'il doit et sort tranquillement pour assister au départ pour Milan. Quelles jolies toilettes, quels complets ! Bien des dames qui montent dans le train portent une voilette blanche à leur chapeau et leurs cavaliers les aident avec plus ou moins d'adresse à se hisser dans la voiture. Le train s'ébranle dans un jet de vapeur, quelques mouchoirs s'agitent comme des drapeaux ; en pensée, l'oisif fait aussi le voyage, c'est-à-dire que dans son imagination, il est assis dans un compartiment vide et lit les journaux.

Mais quittons un instant cet observateur désœuvré dont, en somme, les expériences sont toutes limitées. Tout à coup, on a réellement pris place dans un des nombreux trains, on est un voyageur non plus imaginaire mais véritable, et on vit des trajets qui durent des jours et des nuits. Les paysages défilent devant la fenêtre du wagon comme des décors de théâtre mobiles sur une scène tournante. Si on se trouve en agréable compagnie, on bavarde, sinon on s'énerve un petit peu et malgré une voyageuse bien délicate, on fume un cigare dégageant une forte fumée. Ou alors, on a un livre qu'on veut peut-être lire, mais ça ne va pas jusqu'à ce qu'enfin, ça aille quand même. Le rectangle de la fenêtre montre des images toujours nouvelles. On voit des vignes basculer en douceur, des maisons chavirer et des arbres soudain sortir de terre. Les nuages et les prairies alternent gentiment et attirent le regard. On vous brusque avec des « Pouvez-vous me donner un peu du feu de votre flamme ? » Mais comme on dispose d'un art de vivre, on se laisse brusquer de bonne grâce et on répond : « Bien volontiers ! » en cédant avec plaisir un peu de ce feu superflu. Quels envols, quels cahots et quels crissements. À droite, à gauche, des villes et des villages entiers, telles des images sans vie, disparaissent et là-bas pourtant, des gens respirent, des chevaux hennissent, un serrurier martèle, une fabrique fait tourner sa roue, un taureau mugit, un enfant pleure, un homme est désespéré, un couple d'amoureux se réjouit en secret, des enfants vont à l'école, on prépare le repas de midi, quelques malades sont dans leur lit ou deux individus se rouent de coups dans une lamentable querelle. Mais le train poursuit sa course dans sa direction précise et planifiée d'avance et laisse vivre et s'agiter tout ce qui vit et qui s'agite. Dans les gares bien astiquées, les gens montent et descendent du train, ceux qui descendent sont accueillis la plupart du temps par une mère, un père, un frère, un fils ou une fille ou une connaissance, ceux qui montent disent poliment « Bonjour ! » ou « Bonsoir ! » selon ce qu'indiquent les aiguilles de l'horloge. Et on repart, filant sur des plaines, longeant d'épaisses forêts de sapins, passant devant un bûcheron, de pimpantes maisonnettes de gardes-barrière entourées d'un minuscule jardin et plus loin, un bord de lac scintillant. Dans le wagon, on demande quel est ce lac. Poursuivons. Beaucoup de passagers sont silencieusement assis à leur place et s'abandonnent à des pensées et à des souvenirs mélancoliques, quelques-uns rient et plaisantent, la plupart mangent à présent un petit quelque chose qu'ils ont tiré de boîtes en carton et de sachets en papier, et l'un ou l'autre pousse même la gentillesse ferroviaire jusqu'à offrir un peu de son repas à son voisin avec la mine la plus calme du monde. Merci ! Mais on ne veut même pas entendre de remerciement. C'est que voyager rend vraiment aimable. En hiver, que les voyages en chemin de fer sont magnifiques ! Partout de la neige, des toits, des villages, des gens, des champs et des forêts enneigés ; de l'humidité partout les jours de pluie, du brouillard et des paysages voilés, obscurs. Au printemps ensoleillé, partout du bleu, du vert, du jaune, des fleurs blanches. Les prairies sont dorées et vertes, le doux soleil luit à travers le bois de hêtres ; les nuages les plus espiègles et les plus blancs voguent là-haut dans le ciel bleu et dans les jardins et les champs, une telle floraison, un tel bourdonnement et une telle splendeur qu'on aimerait descendre à chaque arrêt et s'abandonner à toute cette chaleur, cette couleur et cette beauté. Et en automne, et au beau milieu de la saison estivale, indolente et moite, et encore dans la clarté glaciale de l'hiver. Non, on n'aura vraiment pas l'audace de faire entrer tout cela dans la brièveté d'un article de journal.

Là où se trouve aujourd'hui la nature, il y a

aussi des chemins de fer. Il n'existe bientôt plus de géants montagneux qu'on n'ait pas déjà commencé à percer pour la circulation et la civilisation et le plaisir. Il existe des funiculaires en veux-tu en voilà, et tout cela est excellent, car les mains et les esprits sont alors mis en mouvement et cela est bénéfique. Comme nous l'enseignent les accidents qui sont arrivés dernièrement, les voyages d'agrément et les voyages d'affaires en train peuvent naturellement être fatals ; des ponts peuvent s'écrouler, des rails en colère soudain se cabrer et renverser le train, deux convois entrer en collision au milieu d'une forêt, peut-être par la faute d'un unique fonctionnaire responsable alors qu'il n'y a aucune localité de près ou de loin, quelles choses terrifiantes ! Ou bien, un feu se déclare soudain dans le train filant à toute vitesse ou, comme par exemple en sainte Russie, des bandits peuvent attaquer le train. Voilà des événements qui, me semble-t-il, ont un visage sévère et blême, mais qui au moins n'arrivent que très rarement. L'humanité ne peut abandonner un avantage à cause de quelques dangers, et la locomotive à vapeur et les voitures qui lui sont accrochées sont de toute évidence un avantage. Voyager calmement dans un compartiment silencieux a déjà libéré bien des gens de leurs souffrances, de leurs soucis et de leurs tracas, puisque durant de longs trajets, peut-être de nuit, ils ont profité du train pour mettre un peu d'ordre dans la bousculade des projets et des pensées qui les obsèdent. Les bêtises et petitesses du quotidien, qui ailleurs triomphent, gardent ici le silence. De nos jours, on peut se reposer durant un voyage. Mais on peut vivre aussi les aventures les plus douces, surtout dans un rapide ; de quelle façon ? eh bien chacun doit en faire une fois l'expérience lui-même. Je termine et me réjouis de mon prochain voyage en chemin de fer. J'avoue que je voyage peu, c'est pourquoi j'y pense avec une sorte de nostalgie.

L'incendie

Même dans une grande ville, tard dans la nuit, les rues sont à peu près tranquilles. Ce qu'on voit et ce qu'on entend sont des visages et des bruits auxquels nos yeux comme nos oreilles se sont habitués depuis fort longtemps. Les bruits habituels ne sont pas des bruits. Les gens sont chez eux, bien à l'aise autour de la table familiale, ou au bistrot buvant une bière et parlant politique, ou au concert, recueillis, écoutant de la musique, ou au théâtre suivant les événements captivants qui ont lieu sur la scène brillamment éclairée, ou ils sont là, à deux, à trois ou à sept, à un coin de rue mélancolique, parlant de choses profondes, ou allant dans une direction quelconque, sans but peut-être. « Hep, taxi ! », lance un autre, et quelque part peut-être, un poète est terré dans sa chambre solitaire, des ivrognes déambulent d'un troquet à l'autre en braillant et agaçant les passants, un cheval de calèche tombe, une femme perd connaissance, la police, toujours prête à agir et à rétablir l'ordre, s'empare d'un polisson, et tout à coup une voix crie « Au feu ! ».

Tout près, semble-t-il, il y a un incendie. On était là, indécis et tournant en rond, on allait accuser l'heure de son insignifiance, on commençait à geler et maintenant, soudain, on se trouve devant quelque chose de tout nouveau, d'inattendu, de brûlant. On bondit d'un pas sans même le savoir, on a commencé à parler au premier venu, on est réchauffé, et à présent on saute et même, on court. On fait ainsi quelque chose qu'on n'avait peut-être plus pratiqué depuis deux ans déjà. Tout à coup, le monde semble avoir changé, s'être agrandi, épaissi, enrichi.

Une grande ville est une gigantesque toile d'araignée de places, de ruelles, de ponts, de maisons, de jardins, de larges et longues rues. S'il y a le feu quelque part, seul le proche voisinage du sinistre sait quelque chose de cet incendie qui s'est déclaré. Oui, dans une telle métropole, il peut y avoir en une seule et même nuit trois, quatre ou même cinq gros incendies, très éloignés les uns des autres, chaque sinistre un malheur en soi, un « événement », sans que le premier ne touche le moins du monde le second : cinq chapitres captivants d'un roman, tous achevés, sans aucun lien les uns avec les autres. Une grande ville est une mer ondoyante, encore inconnue à la plus grande partie de ses habitants, une forêt impénétrable, un grand parc luxuriant, oublié ou presque, envahi de végétation sauvage, un endroit trop vaste pour qu'il puisse jamais permettre de s'y orienter suffisamment bien. Mais déjà, des dizaines de personnes se dépêchent de courir sur le lieu de l'incendie. On sait maintenant à peu près où il brûle.

Il faut encore tourner au coin d'une rue et le feu est là, comme s'il voulait vous sauter au visage ; toute une rue s'éclaire, éblouie de lumière, ce feu est comme un coucher de soleil tout au sud, dix crépuscules embrasés, une foule de soleils se couchant tous en même temps. Il y a là des façades de maisons qui ont l'air de papier jaune clair et la lueur rougeoyante des flammes vous fait face, épaisse et ardente et rouge sang, et les réverbères, eux, ressemblent à des allumettes mouillées qui se consument sans éclat. Et des appels retentissent. Partout, on croit entendre des cornets de voitures, mais on se trompe, tout est à peu près calme, on ne fait que marcher et à côté, devant et derrière soi, on trotte de même, et des calèches passent, le tramway aussi. Dans tout cela, il y a quelque chose à la fois d'ordinaire et d'incompréhensible. Soudain, comme dans un conte, tout s'immobilise. Ce qu'on voit maintenant ressemble au coup de théâtre imaginé par un metteur en scène remuant.

Une bruine dense, apparemment incessante, de petits morceaux de braise légère tombent du ciel obscur dans la rue pleine de monde et recouvrent le sol de neige incandescente. À ce moment-là, le tramway passe ; il est lui aussi complètement recouvert de cette neige singulière. Il y a là des gens qui lèvent les yeux avec imprudence dans l'air moucheté de rouge, sans penser qu'un flocon enflammé et brûlant peut leur tomber dans l'œil. Le manteau d'un monsieur qui passe en tramway prend feu. Ce petit brasier s'est toutefois éteint sans autre dommage. Il pleut toujours de cette pluie inconnue et jamais vue. On s'estime soudain tout à coup très heureux d'avoir dans le cœur encore un peu de cette foi qui permet de croire à un miracle des *Mille et une nuits*. Et vraiment, nous voilà soudain emportés vers l'Orient et les nuits arabes puisque là, juste devant nous, nous apercevons un palais féerique, dans le scintillement rose de sa lumière. C'est peut-être une maison dont on a déjà souvent blâmé l'architecture. Pourtant, à cet instant, on ne sait pas ce qu'il faut admirer le plus, la douceur de l'éclairage vénitien ou la beauté inégalée de l'architecture. La lueur des flammes est un maître d'œuvre méritoire.

On est bousculé dans tous les sens, à moitié soulevé, porté, balancé. Tout autour, sous les étincelles, dans la rumeur et les crépitements de l'incendie, une foule immense. L'incendie coûtera-t-il des vies humaines ? se demande-t-on. Bientôt, on trouve ce grouillement aussi familier que de tutoyer un ami cher et estimable. Ici et là des tourbillons de feu soufflent sur les visages, de nouvelles bourrasques de neige enflammée se soulèvent, quel tableau magnifique. Et tout brûle encore, toute cette foule observe le spectacle des flammes. L'un ou l'autre veut s'en aller, mais une fois encore, ses yeux sont irrésistiblement attirés par le feu. En se hissant sur la pointe des pieds, on voit à présent les gendarmes à cheval. « On n'attendait plus que vous », dit un jeune homme. D'autres rient. On est là, tête contre tête, corps à corps, dans un même souffle, une même sensation, un même goût du spectacle et on croit encore devoir poursuivre la lecture de ce captivant récit naturaliste. Passent des automobiles au beau milieu de la foule. « Allons ailleurs. Ce coin n'est pas rassurant », entend-on dire. Soudain, haut dans le ciel, apparaît une flamme majestueuse, jaillie du brasier, une colonne de feu gigantesque qui va s'étendre au loin pour retomber en pluie douce dans l'air de la nuit, comme s'il y a quelques instants était apparu quelque chose de grand et de beau qui maintenant se mourait.

Des gens arrivent encore, d'autres s'en vont. Ceux qui partent s'engouffrent d'une façon comique derrière des automobiles qui toussotent et cornent, leur frayant une ruelle bienvenue pour échapper au mouvement de la cohue. Les tramways sont bondés d'un grand nombre de ces badauds qui grimpent et se réfugient dans les voitures. D'autres curieux regardent par les fenêtres des maisons voisines. L'élégante vie nocturne envoie aussi ses émissaires féminins et masculins, blottis dans leur fourrure et leur calèche, et tout brûle encore. La fureur des flammes ne sera pas apaisée de sitôt, même avec des jets d'eau, même avec des jets continus. On voit l'équipe des pompiers, on admire leurs mouvements intrépides et on pense les voir sombrer à chaque instant dans la fumée et dans les flammes. À présent, la foule recule ; à l'avant, les gendarmes la repoussent ! On a quelque peine à se tenir sur ses jambes ; dans le déséquilibre de cette nouvelle position, on attrape, comme pour s'appuyer, la main la plus proche, c'est la main charmante d'une jeune fille mais qu'on le veuille ou non, on doit l'abandonner à sa propriétaire.

Est-ce un grand malheur ? La prudence et la bravoure des pompiers permettent d'atténuer l'ampleur des dégâts, mais un bâtiment ancien, vénérable, riche en souvenirs est perdu et c'est une perte suffisante. Il y a bien assez de sites charmants datant de l'Antiquité que le quotidien nous arrache avec ses bruyantes exigences, et voilà que le feu se met lui aussi à dépouiller Berlin de ses statues et des monuments de son histoire. Mais pour le peuple, ces « vieilleries » ont peu de valeur. Un facteur qui se trouve là dans la foule dit qu'il vaut mieux que l'ancien cède la place au nouveau. À Berlin, tout sera bientôt beaucoup trop à l'étroit. Et c'est une abominable entrave à la circulation. Il dit aussi qu'il suffit d'aller jusqu'à Charlottenburg, par exemple, que c'est encore un quartier ; il y a là-bas des rues larges, belles, claires, etc.

Mon camarade pousse à la hâte, il est frigorifié, nous croyons à présent avoir vraiment de l'appétit pour un joli dîner. Nous partons, mais parfois, nous nous retournons encore. Derrière nous, terriblement vivaces, le jaune, le rouge, le brasier vivent encore, en parlant le même langage de fureur déchaînée, et ils expriment les mêmes sensations enflammées et dévastatrices. Mais mon camarade pense que regarder si longtemps ce spectacle devient ennuyeux. Je lui donne raison. Une de mes habitudes, peut-être mauvaise, est de toujours donner raison à mon semblable.

Le Greifensee

C'est une matinée fraîche et je me mets à marcher de la grande ville et du grand lac bien connu au petit lac presque inconnu. En chemin, je ne rencontre rien d'autre que tout ce qu'un homme ordinaire peut rencontrer sur un chemin ordinaire. Je dis bonjour à quelques moissonneurs au travail, c'est tout ; j'observe avec attention les gentilles fleurs, c'est encore tout ; je commence tranquillement à bavarder avec moi-même et une fois encore, c'est tout. Je ne prête attention à aucune particularité du paysage, car je marche et pense qu'ici il n'y a plus rien de particulier pour moi. Et je marche, et en marchant, voilà que j'ai déjà dépassé le premier village avec ses grandes maisons larges, ses jardins qui invitent au repos et à l'oubli, ses beaux arbres, ses fontaines qui clapotent, ses fermes, ses auberges et d'autres choses dont je ne me souviens plus en cet instant d'oubli. Je continue à marcher et mon attention se réveille quand le lac transparaît au-dessus du feuillage vert et des sommets tranquilles des sapins ; je pense, voilà mon lac, celui vers lequel je dois aller, celui qui m'attire. De quelle manière il m'attire et pourquoi je suis attiré, le bienveillant lecteur le saura s'il continue à s'intéresser à ma description qui se permet de sauter par-dessus les sentiers, les prés, la forêt, le ruisseau et les champs jusqu'au petit lac lui-même où elle s'arrête avec moi et ne peut s'étonner assez de sa beauté inattendue, pressentie en secret. Mais laissons-la parler elle-même dans son exubérance coutumière : c'est un vaste silence blanc, lui-même bordé d'un léger silence vert ; c'est le lac et la forêt alentour ; c'est le ciel, un ciel bleu transparent, à demi couvert ; c'est de l'eau, de l'eau si semblable au ciel qu'elle ne peut être que le ciel, et le ciel de l'eau bleue ; c'est un doux silence bleu et chaud et c'est le matin ; un beau, un beau matin. Je ne trouve pas de mots et pourtant il me semble que j'emploie déjà trop de mots. Je ne sais pas de quoi parler, car tout est si beau, se trouve là seulement pour la beauté. Le soleil embrase le ciel jusqu'au lac qui devient à son tour soleil dans lequel les ombres somnolentes de la vie alentour se bercent doucement. Rien ne dérange, tout sourit, si près, mais aussi dans le lointain le plus vague ; toutes les couleurs de ce monde jouent les unes avec les autres et sont un monde matinal enchanté, enchanteur. Au loin s'élèvent, modestes, les hautes montagnes de l'Appenzell, elles ne sont pas froides et dissonantes, non, elles ne semblent être qu'un vert lointain et flou sur les hauteurs, appartenant au vert si doux, si magnifique de toute la région qui l'entoure. Oh, quelle douceur, quel silence, comme cette région est pure et rend ce petit lac presque ignoré si doux, si silencieux, si pur. Voilà ce que dit vraiment la description : une description enthousiaste, ravie. Et que dire encore ? Si je devais recommencer, il me faudrait parler comme elle, car c'est tout à fait une description selon mon cœur. Sur tout le lac, je ne vois qu'un seul canard, qui glisse de long en large. Vite, je fais comme le canard, je retire mes vêtements ; tout joyeux, je nage au large jusqu'à ce que ma poitrine travaille, mes bras se fatiguent et mes jambes se raidissent. Quel plaisir que de s'échiner rien que pour la joie ! Au-dessus de moi, le ciel décrit tout à l'heure avec bien trop peu d'enthousiasme et au-dessous, une profondeur douce et silencieuse ; et au-dessus d'elle, le cœur inquiet, un peu serré, je peine à regagner la terre ferme où je tremble, ris et ne peut respirer, presque pas respirer. Le vieux château du Greifensee salue d'en face, mais à présent les souvenirs historiques m'importent peu ; je me réjouis plutôt d'une soirée, d'une nuit que je passerai ici, au même endroit, et je cherche à imaginer le petit lac quand la dernière lueur du jour scintille à sa surface ou quand une infinité d'étoiles scintillent là-haut. Et je repars au large.

Retour dans la neige

J'ai vécu là-bas plusieurs années, m'y suis défendu du mieux que j'ai pu. Je n'ai nullement manqué d'inspiration, d'encouragements, etc. Certes, j'y ai parfois durement souffert et âprement lutté, mais je suis toujours resté d'avis qu'il est beau de se battre. Je n'aurais jamais rien voulu d'autre. Partout où j'ai vécu, je me suis trouvé de temps à autre dans de sérieux embarras.

Je n'ai jamais aspiré, dans la vie, à amonceler d'étonnantes quantités de bonheur. Je n'ai jamais souhaité vivre mieux que bien d'autres. À aucun moment, je ne me suis dissimulé que les soucis ont un effet édifiant et que la consternation, parce qu'elle est contraignante et désagréable, nous fortifie le caractère.

Si je me risque à remarquer que là-bas, généralement, malgré l'ardeur parfois certaine de tous les efforts fournis, je suis resté sans succès, je ne blâme nullement la région dont je parle, je n'aurais aucune raison à cela. Je peux dire tranquillement que si les échos favorables que je trouvai ici et là me réjouirent sincèrement, les insuccès que je récoltai ne réussirent jamais, au grand jamais, à ternir ma sereine et joyeuse humeur ou à m'en dépouiller tout à fait. J'ai été encouragé à l'assiduité au travail de la manière la plus agréable qui soit, et il me sied de reconnaître ouvertement que des personnes sages et aimables, avec lesquelles j'ai eu le privilège d'être en relations amicales, m'ont rendu attentif aux choses les plus essentielles avec noblesse et simplicité. J'espère exprimer quelque chose de tout à fait compréhensible pour chacun en déclarant qu'à mon avis, l'ingratitude est à la fois déplaisante et déraisonnable, et qu'elle est par conséquent une calamité de la pire espèce. Ce qui m'a été extrêmement bénéfique et même, m'a vraiment comblé, c'est que là-bas, il a plu à certaines gens qui me supposaient du talent – et dont l'estimable souvenir restera pour moi impérissable – de me croire capable de mener à bien maintes choses et de sortir instinctivement de moi pour apparaître au grand jour et chercher satisfaction dans la pratique de l'écriture enjouée et généreuse.

Peut-être que dans leur amabilité et leur bonté, les êtres auxquels je pense se sont-ils fait une opinion juste un peu trop belle de ma personne ; il semble là évidemment que je me déprécie vraiment trop, ce qui ne serait ni naturel, ni convenable. Avant toute chose, j'aimerais montrer les efforts que je fais pour être capable de reconnaître qu'il n'y a pas de plaisir plus souhaitable dans la vie que celui de se montrer reconnaissant et d'applaudir à la diversité bienfaisante de ce qu'on a eu le privilège de voir et de vivre. Il doit paraître sans aucun doute impossible à tout penseur prudent de s'exprimer autrement qu'avec un soin extrême et le plus grand respect sur les capitales et places où, comme pour tenir une assemblée nationale solennelle, une nation tirant sa substance de toutes les régions environnantes se manifeste dans la diversité de son rayonnement et de ses meilleurs ouvrages.

L'idée que j'ai eu le privilège de nager dans des eaux aussi rafraîchissantes, de courir si affairé et en si bonne compagnie sur un tel champ de course, si je puis m'exprimer ainsi, de vivre dans des conditions si séduisantes et si stimulantes, des circonstances hautement vivifiantes et même souvent enthousiasmantes et que j'ai passé une bonne partie de mon existence si serein et la plupart du temps content, eh bien cette idée doit, comme je le pense, me mettre en tout temps de bonne humeur, ne serait-ce que pour préserver la bienséance puisqu'il y a de la pudeur à respecter vis-à-vis du ciel, mais aussi des humains, ce à quoi celui qui pense et ressent comme il se doit ne peut tout à fait se dérober.

Ayant suscité toutes sortes d'attentions et acquis le droit de me mouvoir sans contrainte parmi les gens respectables, j'étais encore loin d'avoir gagné ne serait-ce que le plus inoffensif des revenus. Tandis que j'étais aussi actif que possible, je commettais des erreurs. Luttant avec mon ignorance et mes incapacités, j'appris à reconnaître mes limites et je dus admettre que dans bien des cas, malgré ce que j'imaginais volontiers, je ne m'en tirerais pas si rapidement. Vinrent la faiblesse et la lassitude. Dans des moments d'importance, mes forces m'abandonnaient. Au lieu de me contenter de ce qui était d'un bon rapport, je me jetai dans l'inatteignable, ce qui gaspilla beaucoup de temps et de bonne énergie. Des efforts inutiles me rendirent pour ainsi dire malade. Je détruisis bien des choses créées avec peine. Plus je souhaitais sincèrement me trouver sur la terre ferme, plus clairement encore je me voyais vaciller. Je ne crois pas m'être gravement aveuglé dans ce genre de choses, et comme je me sentais contraint à une certaine clarté et à être avant tout à nouveau en accord avec moi-même, je décidai de me détacher soigneusement d'une existence à laquelle je ne pouvais me fier et de rentrer chez moi. Il me sembla utile de mordre à la pomme du discernement qui, comme on le sait, a un goût amer. Je sentais et voyais pourtant bien le regard interrogateur d'une belle femme posé sur moi. Il fallait me débarrasser de ce lien et d'autres attachements. Je rentrai lentement chez moi. Plus tard, me disais-je, je parviendrais à retrouver une nouvelle utilité.

Sur le chemin du retour, qui me parut splendide, il neigeait à gros flocons, denses et chauds. Il me sembla presque entendre résonner de quelque part un air de mon pays. Mes pas étaient vifs malgré la profondeur de la neige dans laquelle je continuais à progresser avec ténacité. Chaque pas accompli fortifiait ma confiance ébranlée, ce dont je me réjouissais comme un petit enfant. Tout ce qui avait existé autrefois fleurissait et m'enveloppait gaiement d'une roseraie comme un parfum juvénile. Il me sembla presque que la terre entonnait un chant de Noël et presque aussitôt déjà un chant de printemps.

Dans l'obscurité, un grand personnage gris se dressa tout à coup devant moi sur le chemin. C'était un homme. Il me parut gigantesque. « Que fais-tu ici ? » lui demandai-je. « Je me tiens ici ! Cela te regarde ? » me répondit-il.

En le laissant là, lui que je ne connaissais pas et qui devait savoir ce qu'il avait à faire, je poursuivis mon chemin. Il me sembla parfois avoir des ailes, et pourtant j'avais bien assez de peine à avancer. Le courage et la confiance comblaient mon âme sur cette route difficile puisque je pouvais me dire que j'étais sur le bon chemin. J'étais confiant en l'avenir comme jamais, bien qu'en humiliante retraite. Je ne me sentais pourtant pas du tout vaincu, j'eus bien au contraire l'idée de me considérer comme un vainqueur, ce qui me fit rire. Je n'avais pas de pardessus. Je tenais la neige à elle seule déjà pour un manteau m'enveloppant d'une merveilleuse chaleur.

Bientôt, je réentendrai la langue de mes parents, de mes frères et de mes sœurs et je foulerai à nouveau le sol aimé de ma patrie.

Petite escapade

Je suis revenu récemment dans cette campagne que j'ai déjà souvent sillonnée. Un village se trouve au bord d'une belle rivière, il tient apparemment son nom du pont qui a sans doute été construit à une époque déjà très ancienne. Je descendis la colline vers la rivière, longeai sa rive, le soleil dans le dos. Sur la berge, toutes sortes de gens de la campagne étaient occupés à toutes sortes de travaux. Je posai mon regard tranquille sur les gens et sur leur paisible besogne. Je promenai les yeux à gauche, à droite. La campagne était verte et à travers cette verte campagne, la bonne rivière dont l'eau brillait si joliment coulait, insouciante, sereine et paisible. Les verts étaient de nuances si diverses qu'ils semblaient chanter une mélodie ; à d'autres endroits, ils paraissaient avoir le sourire d'une belle. Ailleurs encore, ils parlaient un langage sérieux, mais nullement sombre. Le ciel et la terre étaient si proches l'un de l'autre. J'observais tout avec attention ; ici un champ, là une ferme, là-bas un homme. La journée était claire et douce.

Je traversai un pont étroit pour passer sur l'autre rive et marchai maintenant vers le soleil couchant dont les jeux se reflétaient merveilleusement dans le paysage. Des beautés d'or passèrent alors, des apparitions qu'à la fois je voyais et ne voyais pas. Une sensation de soleil couchant m'accompagnait le long de la rivière qui ondoyait dans le ravissement d'une mélancolie dorée. Toutes les maisons en aval et en amont avaient des reflets d'or et tous les prés verts luisaient d'un éclat divinement profond. Ici et là, l'ombre était longue et de la couleur la plus profonde et la plus saturée. Dans l'air un doux murmure, comme le chant d'adieu de quelqu'un qui s'émeut du coucher du soleil et de la beauté contemplative du soir. La campagne devint alors un chant et ce chant était beau à mourir. En silence, sur la rive, quelques personnes s'approchèrent de moi, qui leur souhaitai le bonsoir, comme elles me le souhaitèrent elles-mêmes. Par une belle soirée en pleine campagne, on se salue tout naturellement. Plus tard, je vis encore une femme qui traînait un fardeau de bois derrière elle. Elle me regarda de ses beaux yeux clairs. Ses traits étaient si fins, sa personne si remarquable. J'aurais aimé être près d'elle, lui parler et la questionner sur sa vie. Elle était si belle dans sa pauvreté, si noble avec son fardeau. Pensif, presque heureux, je rentrai chez moi.

À l'aube

À l'instant même précédant le réveil, je fis un rêve d'une étrange beauté dont une demi-heure plus tard, je ne savais rien de plus. M'étant levé, il me revint alors à la conscience que j'avais vu une femme très belle et débordant d'un juvénile élan, je l'adulais. Je me sentais merveilleusement d'aplomb et exalté par la jeunesse rayonnante de mon beau rêve. Je me vêtis prestement. Il faisait encore sombre. Un souffle d'air hivernal m'effleura par la fenêtre ouverte. Les couleurs étaient si sévères, si rigoureuses. Un vert froid et noble luttait avec un bleu naissant ; le ciel était rempli de nuages rose vif. La journée en éveil, qui portait encore en collier la lune comme un bijou d'argent, me parut divinement belle. Ému, joyeux et enivré par la beauté du rêve et par la grâce du jour, je me hâtai de sortir, à l'air, dans la rue. Saisi par une volonté et une espérance de jeune homme, j'avais conquis une confiance en moi tout à la fois douce et sans limites. Je ne voulais, ne voulais vraiment plus penser à rien, n'aspirais plus à explorer ce qui me rendait si serein. Je gambadais à travers la montagne et j'étais heureux. Comme on est fort lorsqu'on se sent tranquille, comme on est heureux de cette confiance toute neuve et comme on est bon lorsque la tête et le cœur fourmillent de nouvelles espérances.

Promenade du soir

J'étais là, indécis, je n'avais pas vraiment envie d'avancer. Quand je marchais, il me fallait être immobile et quand je restais immobile, je me sentais poussé à me remettre en mouvement. Le soir et ses étrangetés me charmaient, de sombres couleurs fantomatiques et des tons mélancoliques et dorés surgirent devant moi. C'était comme si je devais devenir aveugle et ne plus rien voir de cette beauté, je me sentais dans un état si étrange, j'avais froid dans le cœur mais j'étais si bien, si délicieusement bien. Je regardais de tous côtés avec attention, comme pour voir derrière et à côté des objets quelque chose de neuf, de jamais vu. Les couleurs du soir sonnaient tel un chant d'adieu innocent, charmant, craintif, et c'était comme si je devais pouvoir contempler les sons et entendre résonner les couleurs. Oh soir, quel merveilleux tableau es-tu ! Le soleil déployait en vagues d'or sa magie de l'adieu et un fleuve de beauté sur la montagne qui ressemblait à un héros assoupi venu de temps anciens. Les maisons avaient une mine si songeuse, dans toutes les fenêtres, petites et modestes, on voyait briller un feu merveilleux, et l'amour et la bonté et un divin débordement de l'âme se déversèrent et coulèrent sur tout le visible, sur le vert profond et saturé des pâturages, dorant les arbres dénudés et ensorcelant la forêt silencieuse et douce. Chaque soir est un magicien, il fait du monde un songe, il emmène tout doucement les hommes, comme s'il les prenait par la main, dans des célestes pays de rêve où la sagesse compte moins que l'intuition, la clarté de l'intelligence moins que les sentiments obscurs. Tandis qu'il commençait à faire de plus en plus sombre autour de moi, je vis dans l'éclat profond de l'obscurité brillante d'humidité la pauvre maison au bord du chemin, plus une hutte qu'une demeure, plus une ruine qu'un bâtiment. J'y entrai. Dans cette maison vivait Clara.

La nuit

La nuit dernière, l'air était si doux, si tendre. Un chaton ne se blottirait pas avec plus de délicatesse et de discrétion. Une mère cajole son cher petit innocent avec la même affection. Je grimpai le sentier escarpé qu'on sait jusqu'au sommet de la montagne. En chemin, tout était si beau, si calme. Les arbres, leurs branches fines et leurs formes noires se dressaient, sombres, dans l'air léger et argenté de la nuit, et une source avec son murmure, ruisselant, mélodieux, jaillissait sur le côté du chemin de montagne et s'écoulait par-dessus maintes roches vers la forêt, la forêt était un conte et moi, tout en marchant, j'étais comme le promeneur dans le conte. Calme et silence infinis ! Certes, la lune manquait ; la nuit était sans lune, mais les étoiles regardaient ici et là comme des yeux bienveillants à travers la forêt et son obscurité féerique pour lui donner de l'attrait. Des pensées légères et gaies semblaient me suivre furtivement à travers la forêt. L'enchantement qui régnait de tous côtés s'amplifia encore avec le temps et avec mes pas. Tout était comme ensorcelé, la montagne sommeillait, bonne comme un grand enfant millénaire et la nuit en personne m'enveloppa de plus en plus comme des bras de femme d'une indicible tendresse. Arrivé à un endroit dégagé, sans arbres, je vis en bas, dans la profondeur douce et merveilleuse, la ville avec ses maisons qu'on distinguait à peine et ses multiples lumières, et toutes ces lumières, éparpillées dans la plaine avec tant de grâce, semblaient baigner dans une mer d'intimité, de confiance et de sincérité. Je m'arrêtai ainsi un instant ; la plaine et la montagne semblaient sourire, badiner et exprimer des mots plein d'amour. Je poursuivis ensuite mon chemin et, sortant de ma forêt, j'arrivai bientôt près d'une maison de campagne isolée et au-dessus de son toit, des arbres élevés s'élançaient et devant elle murmurait une fontaine. Le silence nocturne, le calme de l'air, tout ce sombre et cher espace et aussi le clapotis de la fontaine, la noble maison solitaire et la forêt respirant une intégrité et une honorabilité ancestrales, la maison si proche, dans le repli chaud de la forêt et dans la forêt une si majestueuse élévation : tout cela arrêta mes pas et me fit penser que je me trouvais au royaume même des sentiments nobles et de la délicatesse et de la grandeur. Deux fenêtres étaient éclairées d'une lumière rougeâtre. Il ne passa personne. J'étais là, seul dans la beauté de la nuit, seul dans la belle obscurité.

Nuit d'été

Il faisait nuit. Un jeune homme était assis dans sa chambre près de la lampe et lisait *Faust*, mais tandis qu'il lisait, il se demandait de temps à autre s'il devait poursuivre sa lecture ou descendre dans la rue. Il faisait si beau dehors, la lune était si lumineuse. À côté du jeune homme, il y avait un feuillet de papier. Ce feuillet semblait être l'ébauche d'une lettre : peut-être une de ces lettres qu'on écrit avec application jusqu'à l'instant où on s'interrompt au beau milieu, retenu par toutes sortes d'étranges scrupules. Le jeune homme se leva de sa table et s'approcha de la fenêtre ouverte par laquelle le souffle de la nuit entrait dans la grande pièce éclairée, telle une aimable et paisible pensée. Tout à l'heure déjà, en lisant, il avait entendu en bas les pas des nombreux promeneurs. Durant sa lecture déjà, il se trouvait à vrai dire parmi les flâneurs qui allaient et venaient tranquillement. À présent, il regardait par la fenêtre haut perchée au-dessus de la rue, comme suspendue dans l'air, la paisible image nocturne qui se déplaçait de long en large sur la place silencieuse, et il sourit de l'isolement de sa mansarde éclairée par la lune, de sa solitude satisfaite qui lui parut être aussi belle ou presque encore plus belle que tout le reste. Naturellement, il aurait volontiers suivi de près une jolie femme distinguée et séduisante, Mme L., par exemple, pour admirer sa silhouette et ses mouvements gracieux. Il aurait volontiers participé à la promenade générale du soir, faisant mine d'emboîter le pas aux autres promeneurs, mais il se sentait soit au moins aussi heureux, soit même encore beaucoup plus heureux ainsi et c'est pourquoi il resta assis à sa fenêtre. « Oh nuit merveilleuse, se dit-il à voix basse à lui-même, comme tu es belle, et toi lune divine, comme tu es belle. » Du jardin d'un café situé juste en dessous de la fenêtre du jeune homme, un concert de flûte et de violon avec ses phrasés suaves, ses larmes joyeuses, son exubérance nostalgique, ses rires étouffés, ses éclats de rire et sa complainte semblable au chant du rossignol résonna tel un badinage musical, tel un jeu ondoyant et un miroitement de la vie et monta jusqu'à son oreille attentive. Le jeune homme adorait les sons et s'en grisait. Peu à peu, en bas, la rue redevint silencieuse. L'hôte de la chambre éteignit la lampe. Il ne voulait plus avoir autour de lui que la douce lumière de la lune.

Au bord du lac

Un soir, après le repas, j'allai encore en hâte au bord du lac drapé de je ne sais plus très bien quelle mélancolie pluvieuse et sombre. Je m'assis sur un banc sous les branches dégagées d'un saule et ainsi, m'abandonnant à des pensées vagues, je voulus m'imaginer que je n'étais nulle part, une philosophie qui me procura un bien-être étrange et délicieux. L'image de la tristesse sur le lac, sous la pluie, était magnifique. Dans son eau chaude et grise tombait une pluie minutieuse et pour ainsi dire prudente. Mon vieux père avec ses cheveux blancs m'apparut en pensées, ce qui fit de moi un enfant timide et insignifiant, et le portrait de ma mère se mêla au doux et paisible murmure et à la caresse des vagues. Avec l'étendue du lac qui me regardait comme je le faisais moi-même, je découvris l'enfance qui me considérait elle aussi, comme avec de beaux yeux limpides et bons. Tantôt j'oubliais tout à fait où je me trouvais, tantôt je le savais de nouveau. Quelques promeneurs silencieux allaient et venaient tranquillement sur la rive, deux jeunes ouvrières s'assirent sur le banc voisin et commencèrent à bavarder et là-bas sur l'eau, là-bas sur le lac bien-aimé, où les larmes douces et sereines coulaient paisiblement, des amateurs de navigation voguaient encore dans des bateaux ou des barques, le parapluie ouvert au-dessus de leurs têtes, une image qui me fit rêver que j'étais en Chine ou au Japon ou dans un autre pays de poésie et de rêve. Il pleuvait si gentiment et si tendrement dans l'eau et il faisait si sombre. Toutes les pensées sommeillaient puis toutes les pensées étaient de nouveau en éveil. Un vapeur sortit sur le lac ; ses lumières scintillaient à merveille dans l'eau lisse et gris argent du lac qui portait ce beau bateau comme s'il éprouvait de la joie à cette apparition féerique. La nuit tomba peu après, et avec elle l'aimable invitation à se lever du banc sous les arbres, à s'éloigner de la rive et à prendre le chemin du retour.

La ruelle du Bas

Il y a probablement peu de gens qui apprécient la ruelle du Bas, que j'aime, moi, pour son air d'antiquité. Il est à peu près sûr en tout cas que la description d'avenues et de somptueux boulevards ne me dissuade pas du tout d'être convaincu et d'avoir l'agréable certitude que, dans son genre, la ruelle du Bas est belle. De toutes les rues de cette ville, elle est celle qui, selon moi, a sauvegardé le plus vigoureusement son empreinte et son caractère traditionnel, et si je dis qu'elle pourrait presque être une rue de Jérusalem dans laquelle Jésus Christ, le Sauveur et libérateur de l'humanité, entre modestement à cheval, c'est que je pense à Rembrandt, à la beauté touchante de certaines de ses illustrations de l'histoire biblique. Oui, avec ses passages à recoins et ses arcades et avec sa pauvreté mi-joyeuse mi-austère, la ruelle du Bas évoque quelque dessin du grand maître, qui a donné un aspect merveilleux à l'insignifiance et à l'humilité.

Et récemment, n'ai-je donc pas regardé à la dérobée dans une ravissante petite chambre ancienne de la ruelle du Bas, agréable, juste assez grande et large, adorable, gaie, aimable, peinte en vert clair ? Et la couturière qui y habite depuis vingt-deux ans ne m'a-t-elle pas raconté la mort subite de son mari ? Mais oui ! Et je peux dire que je pourrais en tout temps me décider à devenir le locataire sérieux et calme de cette petite chambre propre et douillette.

À toute heure du jour et en toute saison, n'ai-je pas vu dans la ruelle du Bas, dans laquelle se trouve entre autres la salle de réunion de l'Armée du Salut, quelque chose d'attirant et de remarquable ? J'en suis convaincu, car chaque jour, la tête remplie de toutes sortes d'idées utiles ou inutiles, je la traverse à la hâte et, tout en me dépêchant, je crois devoir jeter chaque fois des coups d'œil attentifs aux cordonneries qui s'y trouvent, aux drôles de boutiques pleines de bric-à-brac avec leurs romans d'horreur, tels que *Le Vampire* ou *La Comtesse et les lions* ou *Les Mystères de Paris*, aux pharmacies, aux drogueries, aux maraîchers et épiciers, aux maroquineries et aux laiteries, aux boucheries et aux boulangeries. Je dis peut-être quelque chose de tout à fait banal et d'inintéressant en rapportant que dernièrement, trois honnêtes ouvriers philosophant, jugeant les prix et s'en étonnant, dont les mines et les allures simples et robustes me plaisaient beaucoup, se tenaient dans l'éclairage du soir de la vitrine, devant l'étal somptueux, rose et pittoresque d'une boucherie. D'un air profond, je les vis étudier toute la diversité des viandes exposées comme les rôtis de veau et de bœuf, les ragoûts, les côtelettes, les rognons, les cervelles et les foies, et j'entendis l'un d'entre eux, qui semble-t-il ne pouvait s'arracher à toute cette splendeur, dire sérieusement et lentement : « Langue, un franc quarante ».

Je me réjouis d'avoir entendu ces propos, car je dois dire ouvertement que j'appartiens à ceux qui aiment le langage populaire. Ce que dit le peuple simple, honnête et sans façon, me parle à moi, et à d'autres peut-être aussi, infiniment plus que tout ce que je pourrais entendre dans des lieux élégants et distingués. Oui, il y a dans la parole populaire du sens mais aussi une familiarité profonde.

Et voilà maintenant que j'ai affaire à un guerrier sans doute valeureux, puisqu'il y a peu, j'ai rencontré dans la ruelle du Bas un joli jeune homme mince, marchant avec des béquilles ; en raison de sa paralysie et du regard inhabituellement sérieux avec lequel il me regarda, je le pris pour un officier qui avait sans doute fait la guerre. L'expression sévère et grave de cet homme jeune et beau était en quelque sorte une exhortation à faire preuve de sérieux et de grandeur d'âme dans les périodes austères. Il était noble et distingué d'apparence ; je crus pouvoir comprendre aussitôt le beau langage de ses yeux, mais peut-être le distingué jeune homme n'était-il pas du tout celui que je croyais et ma supposition hâtive reposait-elle sur une erreur. C'était, en tout cas, c'était une belle et bonne impression que je reçus et je m'en déclarai satisfait.

Et deux petits garçons pauvres de la ruelle du Bas, serait-ce peut-être trop peu de chose pour retenir l'attention de l'honorable lecteur ? Il ne me semble pas, car je tiens tous ceux qui lisent ces lignes pour des êtres aimables et chaleureux. Ensuite, je parlerai encore d'une dame faisant ses achats de Noël dans une librairie. Je ferai usage de la liberté de l'écrivain et je mettrai la dame et les enfants dans un certain rapport. On peut dire de ces deux petits bonshommes qu'ils semblaient être frères et qu'à une heure matinale, alors que je passais rapidement dans la ruelle, ils étaient occupés à jouer, qu'ils roulaient presque comme des ballons, qu'ils étaient vêtus de draps d'hiver épais ce qui, comme je le disais il y a un instant, les faisait ressembler à des choses rondes qui boulaient dans la ruelle, qu'avec des voix rauques ils criaient ou plutôt hurlaient toutes sortes de choses apparemment de la plus grande importance. À les voir jouer, je me disais que l'existence humaine n'a toujours été qu'un jeu et que sans doute, elle le resterait toujours, un jeu riche il est vrai en destins et en hasards. Un des enfants appela l'autre et lui dit : « Reste là-bas ! » Cet appel avait ceci de particulier qu'il révélait un degré élevé, ou peut-être même le plus haut degré possible du bonheur de vivre et du bonheur de l'enfance. « Les couronnes des rois et des empereurs, me dis-je instantanément, ne brillent et ne scintillent pas avec autant de pureté que le plaisir de jouer de ces deux enfants pauvres. Que les enfants qui jouent sont grands et riches. Toute autre joie pâlit devant le bonheur de l'enfance. » Leurs voix stridentes, et donc assez laides et grossières, révélaient une véritable et merveilleuse tendresse d'enfants et de frères. « Comme ces deux petits bonshommes s'aiment. S'aimeront-ils toujours ? Comment se porteront-ils plus tard ? » me dis-je et à cette pensée, deux particularités de ces enfants me frappèrent : leur magnifique et pur bonheur d'enfants et tout à la fois la misère de la ruelle, pitoyable et digne de compassion ou en d'autres termes, la couronne d'or scintillante, le noble joyau, l'incarnation radieuse et délicieuse de la joie et à côté de cela, dans la froide ruelle hivernale, leurs voix dissonantes, pauvres, à moitié gelées.

Lorsque ensuite, à la fin de l'après-midi, je vis ladite dame, délicate, distinguée, vêtue avec soin, faire ses achats de Noël dans la lumière vive de l'élégante librairie, la terre, la vie sur terre, le jeu des conventions humaines me parurent mystérieux et étranges : des pensées non pas mauvaises et méchantes, mais plutôt belles et bonnes. Cette femme ravissante, le bon goût qui régnait partout et l'agréable parfum du savoir, de la connaissance et du divertissement éclairé me rendirent tout naturellement attentif à moi-même, aux deux enfants pauvres de la ruelle du Bas, à l'approche de Noël et au rêve singulier que l'on nomme monde et je m'adressai alors à moi-même en ces termes :

« Quel cadeau ces deux enfants recevront-ils pour Noël ? Y aura-t-il quelqu'un pour leur apporter de la joie ? Un arbre de Noël sera-t-il installé dans leur étroit logement ? Y aura-t-il quelqu'un pour leur prodiguer un peu de bonté ? Y aura-t-il

quelqu'un pour leur dire une parole de tendresse ?
Et tous les autres, tous les autres enfants, quelqu'un
pensera-t-il à eux, quelqu'un qui leur apportera et
leur exprimera un peu d'amour ? »

Dimanche

Tandis que récemment, un dimanche matin, je grimpais un singulier sentier ou chemin escarpé, manquant de justesse la chute, passant à travers des taillis jusqu'à une petite esplanade rocheuse et cachée que j'avais découverte peu avant en vagabondant dans cette contrée sauvage, il me revint les paroles qu'à une certaine heure et dans une circonstance précise, quelqu'un disait à ses semblables :

« Ne perds pas courage. Ne te laisse pas aller au sentiment que tout est méchant. Ma fréquentation et la tendresse que j'éprouve pour toi doivent te mener à des pensées plus belles et plus élevées ».

Comme j'étais parvenu à me hisser de plus en plus haut jusqu'au sommet où je m'assis sur un bloc de pierre créé apparemment par la nature elle-même pour s'installer paisiblement et confortablement, je contemplai la riche étendue, aimablement étincelante, me délectai à la vue du lac et de son miroir éclatant où les maisons de la rive et les arbres se profilaient joliment, et dans le murmure du dimanche matin, je vis quelques personnes flâner tranquillement sur la route lumineuse et songeai à l'importance du dimanche et à tout ce qui à la ronde, dans l'espace, dans le ciel et sur la terre, semblait paisible et silencieux, infiniment bon, doux et aimable, et comme je réfléchissais alors à toutes les agitations et aux passions qui peuvent rendre notre vie incompréhensiblement tumultueuse ou incompréhensiblement triste surgit soudain de la ville toute proche, tel le messager ailé apportant une aimable nouvelle, tel l'envoyé bienveillant qui a pris sur lui de répandre la gaieté et la joie sur la terre et d'ériger la paix parmi les hommes, le son des cloches dominicales, porté à travers le délicat branchage des arbres jusqu'à mon château de roches.

Je laissai pénétrer en moi le dimanche et son chant de cloches cher à mon cœur, ces flots de musique comme ruisselant du ciel, ce glissement montant et descendant. Je baignais dans les délices que je m'étais ménagées en écoutant avec attention cette harmonie immuable et éternellement belle. Assis en silence, je me mis à boire ces sonorités enflammées en m'imprégnant du son des cloches, vivant avec elles la vie de leur âme, me laissant emporter par leur résonance et leur joyeux présage dans les sphères incontestées de l'existence de la pensée, où règne un ordre sacré qui s'appuie sur les piliers de la raison pure, ce qui est et sera aussi beau que simple, aussi bon que vrai. Je regardai librement autour de moi, ici et là, dans cette riche étendue, où dans la brume légère du soleil matinal,

enveloppée d'une lumière blanchâtre et frémissante se profilait la silhouette de
L'Île Rousseau
tel un souffle, un rêve, une chimère, une apparition à laquelle je souhaitai la bienvenue.

Méditant sur le dimanche, j'en vins alors à penser à la liberté et à la paix et me demandai tout à coup si la paix et la liberté étaient possibles.

« Une paix apparente et une liberté apparente, me dis-je, sont facilement accessibles. Mais parviendra-t-on jamais à atteindre une paix véritable et une liberté authentique ?

Ce ne sont pas là des choses extérieures mais intérieures, et seuls des êtres de bonne volonté peuvent en vérité être libres et satisfaits.

Se peut-il qu'un jour, la bonne volonté entre peut-être en campagne contre la mauvaise ? Mais alors, il s'agirait d'un combat non pas extérieur mais intérieur, puisque l'ennemi est dans la nature de chacun.

Seule la culture, le travail dur et pénible de chacun sur son propre caractère et le combat qu'il mène contre lui-même permettront, longtemps après, de remporter peut-être la victoire dans les batailles de l'humanité.

La paix et la liberté ne peuvent exister parmi nous que si chacun laisse chacun vivre libre et en paix.

La paix et la liberté doivent d'abord être en chacun de nous avant de pouvoir exister. »

Un dimanche à la campagne

J'étais l'autre dimanche chez un pasteur pour le repas de midi. Je me levai de bonne heure, me mis en route. En chemin, je vis une paysanne donner un coup de brosse à l'habit de son mari. Le soin a toujours bonne mine. Le sens de la propreté fait partout bonne impression. Mon salut matinal me fut aimablement rendu de tous côtés. Quand j'arrivai à destination, les cloches de l'église sonnaient le culte. Des enfants passaient le fleuve sur un bac. Le son des cloches était si accueillant que j'entrai avec les petits dans la vieille église.

Le portail gothique à lui seul était déjà si beau. Dans l'entrée pavée, on voyait de vieilles stèles. Je lus une inscription méditative, montai l'escalier et entrai dans le temple. Comme il était sobre !

Il y faisait agréablement chaud, on pouvait s'y asseoir à l'aise. Là où se passent les choses sérieuses, je me sens tout de suite en de bonnes mains. N'y a-t-il pas de l'amour dans un lieu où on explique les paroles de Jésus ? Chaque église n'évoque-t-elle pas la bonne Galilée avec ses lacs et l'étable où le Sauveur naquit, celui qui apprit aux hommes les sentiments ?

Un vitrail rougeoyant brillait comme le joyeux soleil du matin et un bleu comme un petit morceau de ciel profond qui s'ouvre à tous ceux qui sont pauvres et pourtant ne perdent jamais leur patience, leur sagesse, mais persévèrent en attendant des temps meilleurs. Après tout, le maître divin donna le ciel à ceux qui en ont le plus grand besoin.

Peu après, le pasteur entra et commença sa prédication. Il parla surtout de conscience, d'indépendance et de comment le sentiment religieux vient à chacun dans l'effort sincère et la lutte qu'il poursuit pour y parvenir. Comme ils étaient chaleureux les sons solennels et réconfortants qui jaillissaient de l'orgue !

Quand le culte fut terminé, on me présenta au prédicateur. Jusqu'à l'heure du repas, je voulais contempler encore un peu la région. Je grimpai dans le clocher et regardai par-delà plusieurs villages. Une petite ville ancienne se trouvait non loin de là.

Le clocher, datant du XIIIe siècle, était couvert de lierre, comme revêtu d'un habit solide. Un peu plus tard, j'allai avec le métayer dans le verger où se trouvait un imposant tulipier, à ce qu'on me dit, un des exemplaires les plus anciens de cette espèce.

À la maison de paroisse, dont l'architecture à elle seule me plaisait, la table était déjà mise. La salle à manger claire ressemblait à un joli petit nid. J'allais penser à Goethe et à Lenz, mais je n'eus pas le temps de songer à la chose littéraire, car déjà j'ouvrais la bouche pour manifester un peu d'esprit, ce qui se fit d'ailleurs tout naturellement.

Après le repas, on servit le café, entre-temps était entré un instituteur de campagne à l'air vieillot. Une aimable servante servait et desservait. L'épouse du pasteur m'invita à m'asseoir à côté d'elle sur la banquette du poêle. J'obtempérai de bonne grâce.

« S'il n'est jamais plus difficile d'obéir que dans ce cas, je peux être sans soucis », pensai-je ou dis-je. Je ne sais pas si je ne l'ai que pensé ou si je l'ai exprimé à haute voix et cela n'a d'ailleurs pas d'importance. L'essentiel était que j'y prenne plaisir. Quand on nous offre quelque chose, on veut de la bonne humeur.

Mais comment aurait-il été possible de ne pas être gai quand de jeunes personnes entraient sans cesse dans la pièce, tantôt l'une, tantôt l'autre, et apportaient ou venaient chercher quelque chose, tout cela en bavardant ! Je parle des deux filles du pasteur, dont l'une pouvait avoir huit ans et l'autre quinze ; toutes deux jolies et toujours d'humeur à sourire.

« Comme toute obscurité se dissipe dès que des voix claires s'élèvent de cœurs que l'impureté et la lassitude n'ont pas encore fermés. » J'étais heureux de les regarder tranquillement dans les yeux ; c'était pour moi à la fois délicieux et merveilleusement simple. Car se donner à entendre qu'on éprouve de la joie fait partie de ce que la vie a de plus beau à nous offrir.

De tous les agréments qu'elles manifestaient devant moi, le plus agréable me parut être leur naturel, car il me fit croire que j'étais aussi peu encombrant que le chaton assoupi sur son coussin, l'arbre dehors devant la fenêtre, ou le fait qu'il était à présent déjà seize heures.

De temps en temps, un éclat de rire parfaitement futile retentissait dans la pièce. Et qui aurait bien pu avoir plus envie de rire aussi que celui qui gribouille ces lignes ? Ceux qui sont joyeux saisissent la première occasion venue et ne demandent pas la raison de leur bonne humeur.

La plus jeune avait sur sa petite tête un ruban blanc qui avait l'air d'un papillon et son aînée brillait avec un tablier rouge du plus joli effet. La Révolution française avait trouvé là une expression pleine de charme.

À présent, on servait le thé et on parlait de peinture et d'art poétique, et puis des usages et des coutumes et de comment va le monde.

Plus tard, on contempla des livres illustrés et enfin, on joua aux cartes tout en cassant et mangeant des noisettes. Mais j'ai oublié de mentionner qu'auparavant on fit de la musique, c'est-à-dire que fut exécuté un lied de Schubert et comme il se doit, l'hôte applaudit bruyamment ou avec discrétion. La servante joua aussi aux cartes. Je trouve très bien que le soir venu, les maîtres convient leurs domestiques à entrer dans le cercle de leurs divertissements.

Enfin, de l'humeur la meilleure possible, je me

levai, pris congé des parents et des enfants, et puisque le dimanche à la campagne est maintenant esquissé, coloré et verni, je range mon outil et me sépare aussi de l'aimable lecteur.

Lettre de Bienne

C'est un véritable automne qui est arrivé chez moi avec les pommes que vous m'avez envoyées. Je vais les garder pour plus tard et ne m'en rassasier provisoirement qu'avec les yeux. Mordre dans de si beaux fruits est un péché et serait bien dommage.

Vous m'avez déjà souvent réjoui de vos bienfaits. D'où prenez-vous tant de talent à surprendre de si charmante manière ? Votre générosité m'étouffe presque. Vous êtes toujours la noble donatrice alors que moi, j'empoche sans cesse et sans noblesse.

Puis-je peut-être vous offrir au moins mon livre en signe de reconnaissance, dès qu'il aura paru. D'ici là bien sûr, du temps s'écoulera et les vents souffleront encore.

J'ose espérer que vous vous portez comme un charme. Si vous allez toujours bien, c'est que vous êtes d'une nature indulgente et que vous faites calmement votre devoir quotidien.

Ainsi, vous vous appelez Frieda. Jusqu'ici, je vous prenais à tort pour une Flora. Vous n'avez toujours signé qu'avec F. Frieda est un prénom qui incontestablement vous va bien, car vous êtes paisible et douce. Je veux m'en rappeler une fois pour toutes.

Dernièrement, j'ai vu une belle jeune fille s'enfuir comme une biche. La jeunesse est quelque chose de magnifique, mais elle a le désavantage de vieillir de jour en jour, tandis que les années plus mûres ont l'avantage de rajeunir de l'intérieur. Vous ne m'en voulez certainement pas si à part vous, je regarde encore d'autres choses et les trouve attachantes.

Bienne et ses alentours charmants me réconfortent toujours. Bien qu'ayant plus à faire que je ne le souhaite, je grimpe chaque jour un bout de chemin dans la montagne pour respirer de l'air pur. Ici, on est en quelques pas au beau milieu des forêts et des champs, c'est-à-dire à la campagne, ce que personne n'apprécie mieux qu'un écrivain assis des heures durant à sa table d'étude et d'écriture où de temps à autre il soupire parce qu'il rêve de mouvement.

Oui, notre Seeland est beau, on y vit bien, j'en ai de la gratitude. Le paysage est ouvert et dégagé, il offre de partout de jolis points de vue. Où qu'on aille, on peut ici se promener et flâner à merveille. Les chemins ont quelque chose de secret, d'attachant.

Seeland indique un lac et sur ce lac, il peut y avoir une île qui s'appelle Saint-Pierre, une île de rêve, surtout au printemps lorsqu'elle repose sur l'eau comme un conte. Souhaiteriez-vous une fois la voir ? Vous seriez certainement enchantée. On peut y boire du vin et manger du poisson, si on le souhaite.

Bienne me semble être aussi riche en échanges qu'en beautés naturelles. Sa situation est la plus avantageuse possible. Au nord, il y a le Jura et ses forêts de hêtres et de sapins. Vous y trouvez Delémont, Porrentruy. Si vous allez plus au sud, par Berne et Thoune, vous atteignez les Alpes. À l'ouest, il y a Neuchâtel, à l'est Soleure, ce qui me rappelle que nous avions décidé de franchir ensemble le Weissenstein, vous en chaussures de dame et moi en souliers de soldat. Le projet est prêt, seule l'exécution laisse à désirer. Mais ce qui n'est pas fait peut encore se faire.

Cachées ici et là, d'anciennes bornes racontent silencieusement mais clairement qu'autrefois, Bienne appartenait moins à Byzance qu'à l'Évêché de Bâle.

Parmi les villages proches il y a Mâche, Brügg, Port, Madretsch, Jens et Boujean. Vouloir tous les nommer signifierait se perdre dans les détails.

Je pourrais brièvement vous parler de deux excursions dont l'une m'a amené à Aarberg et l'autre à Büren, deux adorables petites villes qui se distinguent chacune par un château, une église et un pont. Dans l'une comme dans l'autre je trouvai bon de boire un verre de vin. Et chaque fois souriait un aimable soleil.

Büren possède une tuilerie, Aarberg une sucrerie. Bien que d'architectures différentes, ces deux petites villes sont également charmantes ; elles sont la quiétude même et se trouvent dans la plaine qui autrefois était peut-être recouverte par l'eau de la mer ou du lac.

En voilà un qui veut donner l'impression de s'y connaître en géographie. Comme l'erreur reste possible, la prudence est de mise.

Un exercice de pompiers vient de se tenir à Aarberg et les vaillants sapeurs se démenaient de telle façon avec la voiture à incendie et les tuyaux que c'était un plaisir de jouer au spectateur. Aarberg n'a qu'une seule rue, mais large comme une place de marché. Il faut que je parle plus particulièrement du pont. C'est une œuvre magnifique datant de la Renaissance. J'ai malheureusement oublié l'année de construction ainsi que le nom du bâtisseur. Celui qui passe sur ce pont et n'est pas insensible à l'art architectural doit rire aux éclats, ou tout au moins silencieusement en lui-même. Il n'existe guère ailleurs d'architecture à la fois plus rude et plus gracieuse.

Le café de Büren m'a ravi. Comme j'en chantais les louanges, la patronne me dit que ce bistrot était bien assez bon pour Büren. Je répondis que j'étais convaincu qu'avec un établissement aussi sympathique, on pourrait récolter des honneurs partout et autant qu'on en souhaiterait, même dans les villes les plus grandes et les plus élégantes.

Dernièrement, on m'a raconté à quel point la région du lac Léman est belle. Comme notre patrie est riche en beautés naturelles. Je ne doute pas qu'il est merveilleux d'être citoyen de ce pays et de contribuer autant que possible à sa prospérité. Vous, chère concitoyenne, vous êtes chaleureuse et bonne et en quelque sorte, vous représentez la vigueur.

Cela m'étonnerait si l'époque à laquelle nous vivons n'était pas favorable aux femmes. Au Moyen Âge, Berthe régna sur la Bourgogne, et d'après ce que nous disent les livres d'histoire, elle se soucia avec beaucoup d'ardeur de répandre la culture et l'instruction en construisant de nombreuses églises, pas de ses propres mains certes mais en les faisant bâtir par des artisans.

Dans son domaine, chaque modeste femme peut être une sorte de reine et se rendre utile à son entourage en le gouvernant avec bon sens. Il est important pour nous tous de découvrir notre nature et de parvenir à mettre en œuvre la force et la particularité de nos aptitudes.

Espérons qu'il neigera abondamment cet hiver. N'est-ce pas aussi votre souhait ? La neige est si belle. Vous l'aimez aussi, n'est-ce pas ?

Château Sutz

Là-bas, nous étions en de bonnes mains puisque la châtelaine s'avérait être l'amabilité même. Elle était perspicace, libérale et pleine de grâce et de grandeur dans sa manière de voir les choses. Comme elle était charmante dans son habit de cavalière. Aucun de nous ne l'oubliera jamais. « Celui qui s'ennuie chez moi commet un péché » avait-elle coutume de dire.

Chez elle, c'était comme dans un rêve. Chacun était son dévoué serviteur. Elle ne faisait aucune différence de traitement. Nous étions tous ses enfants. Même jeune et belle, elle trouvait le plus grand plaisir à se soucier de nous comme une mère. Elle faisait cela tout naturellement, comme si elle ne pensait à rien d'autre.

« Messieurs, disait-elle, je suis responsable de vous, mais je sais que vous me rendrez facile la tâche dont je me suis chargée. » Et en disant cela, elle souriait avec tant de bonté. Quoi qu'il en soit, nous étions contents d'elle. Chacun disait à l'autre à quel point il était étonné et ravi par cette femme.

Certes, nous étions prisonniers mais nous ne le sentions pas. La nourriture était riche. Il y avait des gâteaux, de la bonne soupe, de temps à autre une saucisse, un plat de pommes de terre rôties qu'on appelle röstis, du café, du thé et de bons cigares. Nous ne souhaitions rien de mieux.

Nous étions encouragés à travailler, mais pas obligés, si bien que chacun produisait quelque chose avec joie, comprenant que cela ne pouvait être que bénéfique pour sa santé. Et puis, nous n'aurions pas pu rester tout le temps allongés au soleil à rêver et penser à des âneries comme le propre à rien chez Eichendorff.

Celui qui voulait lire trouvait des livres dans la bibliothèque du château, et celui qui aimait pêcher ou faire de l'aviron pouvait s'y adonner en paix. Nous étions en quelque sorte des invités car personne ne venait à manquer de courtoisie envers nous. Il y avait souvent de petites fêtes auxquelles participait la population du village. Nous étions toujours en bons termes avec les gens de la campagne.

Le parc était ouvert, aucun mur ne l'entourait ; tout était dégagé et pourtant, pas le moindre dommage n'était infligé à la propriété. Les gens étaient en quelque sorte fiers de leur honnêteté, mais ce n'était pas du tout de la fierté, au contraire, ce n'était que la conscience de la dignité bourgeoise. Ici, l'homme le plus insignifiant se voyait considéré comme participant à un ensemble bienfaisant. Chacun jouait son petit rôle joyeux mais tout à fait approprié. Nul ne se mettait en travers du bonheur et de la réputation de son voisin. Chacun accordait à l'autre cette gentille existence-là.

Oh, comme les nombreux arbres bruissaient le soir et le matin, en plein midi et durant les belles nuits, quand un léger vent soufflait. Je l'entends encore. Oui, il ne me semble pas avoir jamais vécu autant de douceur, de bonté et de sagesse que là-bas, et je veux dire brièvement qui nous étions.

L'un d'entre nous avait perdu une bataille. Un général, donc. Il se sentait à Sutz comme au ciel. « Pourquoi devrais-je me désoler ? disait-il, nous autres commettons aussi des erreurs. Cela n'est-il pas arrivé aussi à Frédéric le Grand ? »

Dans nos logements, chacun se sentait vraiment chez soi. Les meubles et les tapisseries dataient encore des temps anciens. Quand on les fabriqua, Goethe et Lessing étaient jeunes. C'était merveilleux de regarder par les fenêtres le lac qui brillait souvent d'un éclat féerique, le jour dans les couleurs les plus claires, et la nuit, sombrement, dans une lumière sacrée.

Chacun pouvait aller se promener autant et aussi loin qu'il le souhaitait. Il y avait parfois de petits désaccords à aplanir. La comtesse nous apparaissait alors comme un soleil qui, offrant à tous sa clémence et sa chaleur, rend son bon naturel à chacun.

Un autre était communiste. Comme il ne se préoccupait plus d'améliorer le monde, il écrivait des vers et avait le bon goût de le faire comme quelqu'un qui établit des factures, c'est-à-dire très simplement. Il ne nous lisait jamais rien et c'est pourquoi je crois que ses poèmes étaient bons. C'était un être tout à fait gentil à qui la pensée de se manifester dans le monde ne venait presque plus à l'esprit.

Il y avait là des soldats, d'anciens diplomates et des souverains qui préféraient bavarder avec une jeune fille du village ou se rendre utile au jardin ou aux champs plutôt que d'exercer une quelconque influence. Ils devenaient philosophes, je veux dire des êtres calmes et agréables, et aucun d'entre eux n'était en peine puisque chacun vivait beaucoup mieux qu'avant. Ici régnaient en harmonie l'amour et l'art et la nature ainsi qu'une bienveillance mutuelle.

Il y avait aussi des malades à qui on prodiguait ici des soins. Tout le nécessaire était discrètement préparé ; toute la sollicitude et l'assistance étaient apportées avec le plus grand naturel.

Cela se passait à peu près ainsi. Je pourrais en raconter encore plus, mais puisque la signification en serait la même, je peux y renoncer, car j'aimerais me montrer sobre et préfère paraître laconique plutôt que volubile.

La rue

J'avais fait des démarches, en réalité inutiles, et marchais à présent dans la rue, agité, étourdi. Je fus d'abord comme aveugle, pensai que personne ne voyait plus personne, que tous avaient perdu la vue, que la vie était interrompue puisque tout ce qui était dans la rue errait çà et là en tâtonnant.

Les nerfs tendus, je percevais les choses avec une intensité particulière. Devant moi, les façades se dressaient, glaciales. Des têtes, des vêtements se précipitaient vers moi et disparaissaient comme des fantômes.

Je fus pris de tremblements ; j'osais à peine avancer. Les unes après les autres, des impressions m'assaillaient. Tout chancelait, moi et ce qui m'entourait. Tous ceux qui passaient ici avaient un projet, une occupation. Moi aussi, tout à l'heure, j'avais une intention ; à présent, je n'envisageais plus rien, mais je me remis en quête dans l'espoir de trouver quelque chose.

La cohue débordait d'énergie. En pensée, chacun se voyait en tête. Des hommes, des femmes défilaient. Tous semblaient tendre vers un seul et unique but. D'où venaient-ils et où allaient-ils ?

L'un était ceci, l'autre cela, un troisième encore, rien. Beaucoup étaient ballotés, vivaient sans but, se laissaient emporter ici et là. L'aptitude à la bonté demeurait inemployée ; l'intelligence étreignait le vide ; bien des beaux talents ne portaient pas de fruits.

C'était le soir ; la rue ressemblait à un phénomène. Des milliers de gens passaient ici chaque jour. Ailleurs, il n'y avait pas de place. Tôt le matin, ils étaient dispos ; la nuit tombante, fatigués. Souvent, ils n'arrivaient à rien. Les activités se chevauchaient et souvent, on s'épuisait en vain à travailler.

En marchant, je croisai le regard d'un cocher de grande maison. Je bondis alors dans un omnibus, fis un bout de chemin, sautai du véhicule, entrai dans un restaurant pour manger quelque chose puis en ressortis.

Tout se déroulait et s'écoulait au même rythme. Une brume légère, une espérance enveloppaient tout. La connaissance des hommes allait de soi. En un clin d'œil, chacun savait à peu près tout de l'autre, mais la vie intérieure restait un secret. L'âme se métamorphose sans cesse.

Des roues grinçaient, des voix s'élevaient et pourtant, tout était étrangement silencieux.

Je voulais parler à quelqu'un mais n'en trouvai pas le temps ; je souhaitais avoir un repère solide, ne le découvris pas. Au beau milieu de l'incessante progression, j'avais envie de me tenir immobile.

Le foisonnement et la rapidité étaient trop foisonnants et trop rapides. Chacun se dérobait à chacun. C'était comme un flux qui s'en allait comme s'il se dissipait, qui venait comme machinalement et disparaissait de même. Tout était irréel, moi aussi.

Soudain, je vis dans toute cette précipitation et cette hâte une indicible inertie et je me dis à moi-même : « Toute cette masse ne veut et ne fait rien. Ils sont tous empêtrés les uns dans les autres ; ils ne bougent pas, sont comme enfermés, s'en remettent à une violence sourde mais sont eux-mêmes le pouvoir qui s'exerce sur eux et ligote le corps et les esprits. »

En passant, les yeux d'une femme me dirent : « Viens avec moi. Fuis ce tourbillon, abandonne ce foisonnement, reste auprès de celle qui te rendra fort. Si tu m'es fidèle, tu seras riche. Dans le tumulte, tu es pauvre. »

Déjà, j'étais décidé à répondre à l'appel mais le flot m'emporta. La rue était vraiment trop entraînante.

J'arrivai ensuite dans les champs où tout était calme. Un train aux fenêtres rouges fila près de moi à toute allure. On entendait faiblement de loin le tumulte, le tonnerre léger et incessant de la circulation.

Je longeai la forêt en murmurant un poème de Brentano. La lune jetait des coups d'œil à travers les branchages.

Soudain, à quelques pas, je remarquai un homme qui se tenait complètement immobile et semblait me guetter.

Je tournai autour de lui sans le perdre un instant des yeux, ce qui le fâcha car il s'écria : « Viens donc ici et regarde-moi bien. Je ne suis pas ce que tu crois. »

J'allai vers lui. Il était comme n'importe qui, il avait simplement un drôle d'air, rien de plus. Puis je m'en retournai, là où était la lumière, là où était la rue.

Sur la terrasse

C'était un jour quelconque. Je ne peux pas dire l'heure avec précision. Je me trouvais sur une sorte de terrasse taillée dans la roche et, appuyé sur la simple balustrade, je regardais dans la douce profondeur. Il commença alors à pleuvoir à flots, d'une pluie tendre et caressante. Le lac changeait ses couleurs, le ciel était dans un émoi merveilleux et doux. Je m'abritai sous le toit d'un petit pavillon qui se trouve sur le rocher. Toute la végétation fut bientôt détrempée. En bas, dans la rue, quelques personnes s'étaient réfugiées sous le feuillage dense des marronniers comme sous d'amples parapluies. Cela avait l'air si étrange que je ne pouvais me rappeler avoir jamais vu quelque chose de pareil. Pas une seule goutte de pluie ne pénétrait la masse compacte des feuilles. Le lac était en partie bleu et en partie gris obscur. Et dans l'air, cette chère et si agréable rumeur d'orage. Et cette douceur partout. J'aurais pu rester là des heures et me délecter de la vision du monde. Finalement, je m'en allai quand même.

La petite ville

Une petite ville, je l'imagine presque spirituelle. On y vivrait sûrement plus que confortablement sans trop de pensées, qui ne servent à rien si ce n'est à importuner et à donner des raisons de porter un regard amer sur le monde.

Comment sont les petites villes en général ? Tout simplement mignonnes pour ne pas dire : divines ! Mais cela a l'air un peu trop merveilleux. Je m'y installerais probablement dans l'éclat mordoré de l'automne ; non pas comme un ambassadeur, mais comme un simple particulier s'apprêtant peut-être à prendre un nouveau poste. Dans ce nouvel endroit, je me comporterais avec on ne peut plus d'intelligence et de sagesse, je serais raisonnable, mais aussi assez irréfléchi, ce qui importerait peu puisque je me maîtriserais magnifiquement, tout au moins en apparence.

Séjourner dans un tel lieu est depuis longtemps mon rêve préféré ; mon souhait a enfin été exaucé, à présent, j'y vis et m'y rends presque indispensable par mon ardeur à la tâche, et surtout par des preuves d'intelligence. L'habitant d'une métropole peut considérer sans trop de scrupules que cela va de soi.

La petite ville est belle à tous points de vue, c'est un fait, car on y trouve encore tous les murs d'enceinte d'autrefois. On prend les vieilles tours rondes pour d'anciens habitants en personne qui seraient prospères et solvables.

Dans les petites villes, on ne cuisine que des plats riches, ce qui n'est pas du tout sans importance. Comme n'importe qui, je suis amateur de mets savoureux, bien que je ne veuille pas entrer dans les détails, sinon, on me soupçonnerait d'être un gourmet.

Les chambres à coucher et les salons ont là-bas un grand pouvoir de séduction et sont incroyablement douillets. Je resterais des jours entiers à la maison et me contenterais de rester tranquille, grâce à quoi je m'estimerais comblé. Sur la table, il y aurait des fleurs et dans la cour, on entendrait le clapotis d'une fontaine.

Dans la ruelle, des gens vont et viennent, des chats passent furtivement, des chiens courent, des pigeons battent des ailes, de jolies jeunes filles se promènent. J'aurais la vie devant et derrière moi, comme un voile qui tantôt se lève, tantôt se baisse. Dans la chère petite ville, le soleil a sa lumière particulière, tout comme la lune ; mais je n'ai pas besoin de tout imaginer jusque dans les moindres recoins.

En été, la bourgade est tissée de verdure et en

hiver, la neige y est aussi belle et douce, si ce n'est plus belle qu'ailleurs. Pendant que les hommes s'agitent à parler politique, dans les maisons, les femmes respirent, occupent leur temps avec des travaux d'aiguille et sont d'attentives lectrices de romans sans doute aussi instructifs que divertissants.

Dans les jardins plantés de hauts sapins, on voit d'élégantes maisons de campagne. En quelques pas, on est dans la forêt et dans les champs. Il ne manque ni occasions de danser ni soirées de théâtre. À l'époque de Molière, le Théâtre Municipal ne donnait-il pas déjà des représentations de ses pièces ? Il est intéressant de voir comment, dans les petites villes, les acteurs se rendent intéressants. Ils sont les héros de l'élément féminin et les héroïnes de l'élément masculin de la population.

Où qu'on aille, de nobles bâtiments sautent aux yeux. Ainsi, on trouve sur le mur d'une maison une inscription disant que le héros Kosciuszko a habité là quelque temps. Huit ou neuf chambres avec la cuisine et le cellier en plus l'auront probablement contenté.

L'arsenal, un imposant bâtiment, possède une collection d'armes et d'armures qu'on peut visiter tranquillement durant certaines heures, si on n'a rien de plus urgent à faire.

L'hospice se trouve non loin de là. Les gens âgés peuvent y vivoter le restant de leurs jours. Ils habitent là dans une impasse ombragée, tout comme la vie elle-même en est une.

Les bâtiments publics, tous distincts, sont proches

les uns des autres : la poste, l'hôtel de ville. La bibliothèque municipale possède en quantité des livres qu'il suffit d'aller chercher, mais qu'il faut ensuite rapporter pour que d'autres puissent en tirer profit, ce qui n'est que justice. L'église date du début du XVIIIe siècle.

De temps à autre, j'irais écouter une lecture. Ainsi, la littérature ne serait pas défavorisée non plus. « Ici, tu es bien au chaud, puisque te voilà véritablement assailli de toutes parts par les possibilités de te préoccuper du savoir » me dirait une personne amie à la fois en riant et avec sérieux.

Une salle de concerts servirait la musique, un musée exposerait de la peinture. La vie dans une petite ville coule comme un récit. Le Jeûne, Noël, Nouvel-An, Pâques, Pentecôte sont les jours fastueux qui jaillissent comme des palais dans une rangée de maisons pauvres.

Tôt le matin, je me lèverais et courrais à mes affaires, je passerais le soir dans une brasserie bavaroise ou une cave espagnole où tantôt j'écouterais le fait du jour, tantôt je le conterais moi-même. L'histoire, l'art et la nature m'enrichiraient et me revigoreraient de toutes sortes de façons.

L'histoire de la ville remonte à l'Antiquité. Quand les Romains arrivèrent ici, ils trouvèrent à leur grand étonnement une cité déjà joliment aménagée. Mais si je devais poursuivre cette exploration, j'attraperais probablement des cheveux gris.

Je rencontrerais une jeune fille, me mettrais à l'aimer et il me viendrait l'idée de me marier.

Elle sourirait et me demanderait si je suis prêt à abandonner ma liberté.

Pour l'amour d'elle, volontiers, lui répondrais-je. Elle s'en réjouirait et alors, nous nous embrasserions. Chacun aimerait l'autre et accepterait tout de lui. Je serais assidu et gentil, je me sentirais à la fois petit-bourgeois et citoyen du monde et je m'estimerais heureux.

Quelle idylle me voilà en train d'imaginer !

Annexes

I. Sources et annotations

Une rue de grande ville – *Parution en novembre 1910 dans les* Rheinlande. Deutsche Monatshefte.

Ce qu'il advint de moi – *Parution en février 1910 dans la revue littéraire Pan, Berlin. « Ridau » remplace Nidau, un village près de la ville natale de Walser. Ernst Zahnd, auteur à succès de romans de terroir (1867-1952).*

Regard sur le passé – *Manuscrit inédit, vers 1919. Collection privée suisse. Annoté en marge : « Très cher Monsieur, vous avez eu la bonté de m'inviter à collaborer à votre feuilleton. "Regard sur le passé" vous sera peut-être utile. Mes honoraires s'élèvent à 30 francs suisses ou le montant correspondant en couronnes. Recevez, cher Monsieur, mes respectueuses et amicales salutations : Robert Walser. Envoi des corrections à Bienne, Suisse, Hôtel de la Croix-Bleue. » Le destinataire était probablement Karl Ginzkey, qui dirigea dès février 1919 le supplément du samedi du journal viennois* La République. *Celui-ci demandait depuis un certain temps déjà des contributions littéraires aux écrivains pour son journal ; toujours est-il que le 16 septembre 1918, Ginskey reçut de Walser le manuscrit « Freundschaftsbriefe » paru le 22 février 1919. Dans sa lettre d'accompagnement, Walser parlait de « Regard sur le passé ». On n'a toutefois trouvé aucune trace de la parution de ce texte, évoquant l'époque berlinoise de Walser vers 1910.*

Madame Scheer – *Paru en décembre 1915 dans les* Deutsche Monatshefte *(Die Rheinlande). Ce texte succède de très près à la prose « Frau Wilke », parue dans* Poetenleben. *Il date de la période précédant immédiatement « Madame Scheer ».*

Complet – *Paru en août 1916 dans* Die Weissen Blätter, *Zurich.*

La petite Berlinoise – *Parution en septembre 1909 dans la* Neue Rundschau, *Berlin. On reconnaîtra dans cette nouvelle le personnage de Paul Cassirer (éditeur de Walser à Berlin), père de la petite narratrice. Durant une brève période, Walser joua le rôle de secrétaire de Cassirer, alors président de la Sécession de Berlin.*

Dans le tramway – *Parution le 28 avril 1908 dans le* Berliner Tagblatt, *Berlin.*
Ce texte, ainsi que les deux suivants, ont été découverts récemment. Ils n'ont pas encore été publiés dans les œuvres complètes.

Quelques mots sur le chemin de fer – *Parution le 1er septembre 1907 dans la* Frankfurter Zeitung, *Francfort.*

L'incendie – *Parution le 17 avril 1908 dans le* Berliner Tagblatt, *Berlin.*

Le Greifensee – *Parution le 2 juillet 1899 dans le supplément du dimanche du* Bund, *Berne.*
Cette prose raconte une marche que Walser avait entreprise de Zurich au Greifensee, petit lac situé à huit kilomètres à l'est de la ville.
Ce texte est la première prose datée et signée de Robert Walser, âgé alors de vingt et un an.
Ses véritables débuts furent en réalité la publication de quelques-uns des poèmes non signés provenant « d'un jeune homme de 20 ans, commis de son état, R.W. à Zurich » par le Berner Bund, *dans son édition dominicale du 8 mai 1898.*
Cette publication est remarquable à plusieurs points de vue. Elle prouve le flair extraordinaire de Widmann (rédacteur littéraire responsable au journal) pour le talent littéraire de Walser. Par la suite, Widmann restera le soutien le plus sûr de Walser. Dès 1904, il consacra des comptes rendus exhaustifs à chacun de ses livres.
Son engagement pour le jeune poète inconnu éclaire d'autre part l'esprit d'ouverture qui régnait sur la vie littéraire de l'époque, car cette publication, aussi anonymement qu'elle parût, n'empêcha pas les lecteurs de lui reconnaître sa valeur et de la lire. À Zurich, par exemple, elle tomba entre les mains d'un jeune docteur en droit autrichien dont toute la passion allait à la littérature récente. Il s'appelait Franz Blei, demanda à Widmann les nom et adresse du jeune poète et devint l'ami de l'écrivain.
Robert Walser garda tout au long de sa vie un souvenir reconnaissant de celui qui l'avait découvert et conseillé.

Retour dans la neige – *Parution le 25 décembre 1917 dans le* Bund. *Robert Walser est décédé le jour de Noël de l'année 1956, comme il l'avait poétiquement anticipé : durant une promenade solitaire dans la neige.*

Petite escapade – *Parution le 2 mai 1915 dans le supplément du dimanche du* Bund, *sous la rubrique « Kleine Studien ».*

À l'aube – *Parution le 2 mai 1915 dans le supplément du dimanche du* Bund, *sous la rubrique « Kleine Studien ».*

Promenade du soir – *Parution le 15 novembre 1915 dans la* Vossische Zeitung, *Berlin, sous la rubrique « Kammermusik ».*

La nuit – *Parution le 2 mai 1915 dans le supplément du dimanche du* Bund, *sous la rubrique « Kleine Studien ».*

Nuit d'été – *Parution le 15 novembre 1915 dans la* Vossische Zeitung, *Berlin, sous la rubrique « Kammermusik ».*

Au bord du lac – *Paru dans un recueil à tirage limité,* Kleine Dichtungen, *en 1914 (Frauenbund zum Ehrung Rheinländischer Dichter). Repris le 10 janvier 1915 dans la* Neue Zürcher Zeitung. *Les* Kleine Dichtungen *ont été rééditées en 1915 chez Kurt Wolff à Leipzig.*

La ruelle du Bas – *Parution le 23 décembre 1916 dans le* Bund.

Dimanche – *Parution le 17 juin 1917 dans le supplément du dimanche du* Bund.

Un dimanche à la campagne – *Parution le 24 décembre 1920 dans la* Neue Zürcher Zeitung.

Lettre de Bienne – *Parution le 25 janvier 1919 dans la revue* Pro Helvetia, *Zurich. Quelques phrases de ce texte sont identiques à celles d'une lettre de Walser adressée Frieda Mermet le 6 décembre 1918.*

Le château Sutz – *Parution en novembre 1920 dans* Weltbühne, *Berlin. Texte sans véritable référence autobiographique. Le village de Sutz se trouve près de Bienne mais ne possède pas de château. Il n'existe aucune preuve que Walser ait passé un séjour semblable à celui qu'il décrit ; il s'agit donc d'une fiction de caractère utopique.*

La rue – *Parution en mai 1919 dans* Der Neue Merkur, *Berlin et Munich. Première édition légèrement différente dans* Die Rheinlande, *cahier 3-4 mars/avril 1919. Il existe un autre texte de Robert Walser sous le même titre.*

Sur la terrasse – *Parution le 2 juillet 1899 dans le supplément du dimanche du* Bund.

La petite ville – *Parution le 25 octobre 1919 dans la revue* Pro Helvetia, *Zurich. Walser choisit pour cette esquisse la petite ville de Soleure où il avait lui-même vécu comme employé durant six mois et où il allait volontiers (la ville ne se trouve qu'à 26 kilomètres de Bienne). Kosciuszko : héros national polonais (Tadeusz*

Kosciuzko, 1746-1817) qui dut fuir à l'étranger en 1917 après le dernier soulèvement contre le partage de la Pologne.

II. Repères biographiques

1878 – Naissance de Robert Otto Walser à Bienne.

1884-1892 – École primaire et collège à Bienne.

1892-1895 – Apprentissage à la Banque cantonale bernoise. Dès 1894, Walser a le projet de devenir comédien. Adhésion à la Société d'art dramatique de Bienne.

1895 – D'avril à août, employé de bureau chez Speyr & Co. (assurances) à Bâle. Ensuite à Stuttgart à « L'Union » deutsche Verlagsanstalt (édition). Essais infructueux pour devenir comédien. Vit avec son frère Karl.

1896 – Fin septembre : retour en Suisse, à Zurich, Zeughausstrasse 3. Emploi auprès de la Société suisse d'assurances-transport.

1897 – Bref enthousiasme pour le socialisme ; premières tentatives pour publier un poème, échec.
Fin novembre : Walser cesse de travailler pour la Société suisse d'assurances-transport. Voyage à Berlin.
Début décembre : à nouveau à Zurich. Retraite dans une mansarde à la Aemtlerstrasse 106.
En hiver : achèvement d'un premier cahier d'environ quarante poèmes.

1898 – Le 8 mai, première publication : Josef Viktor Widmann publie quelques poèmes dans le supplément dominical du *Bund* (Berne). Amitié avec Franz Blei.
En hiver : retraite dans une mansarde au Zürichberg à Zurich. Rédaction de nouveaux poèmes.

1899 – Dès janvier à Thoune. Diverses expositions.
Dès mars, rédaction des premiers petits drames en vers.
Mai-juin : court séjour à Munich.
Retour à Thoune jusqu'à l'automne.
Dès octobre à Soleure, emploi de commis à la Hülfskasse (banque). Parution du premier numéro de la revue *Die Insel*.

1900 – Jusqu'en avril à Soleure. Ensuite lieu de résidence inconnu jusqu'en 1901. Probablement la plupart du temps à Zurich ou à Bienne.

1901 – Septembre à Munich. Contact avec les rédacteurs de la revue *Die Insel*, ainsi qu'avec Wedekind, Kubin, Behmer et Blei. Rencontre de Max Dauthendey à Würzburg. À nouveau à Zurich en novembre, à la Trittligasse 6. Rédaction des premières parties de *Fritz Kochers Aufsätze*.

1902 – Janvier à Berlin. Tentatives de publication infructueuses. De février à avril chez sa sœur Lisa à Täuffelen, au bord du lac de Bienne. Ensuite à nouveau à Zurich, à la Spiegelgasse 23. La plupart du temps sans travail ; doit s'adresser au bureau pour les sans-emploi.

1903 – Début mars à mi-mai à Winterthour en tant qu'employé de la fabrique d'élastiques Moritz Ganzoni.

Du 15 mai au 30 juin, service militaire (école de recrues) à Berne.
Fin juillet à décembre : « Homme à tout faire » chez l'ingénieur Carl Dubler à Wädenswil, au bord du lac de Zurich.

1904 – Dès janvier, retour à Zurich. Employé de la Banque cantonale zurichoise. Il termine son premier livre, *Fritz Kochers Aufsätze*, qui paraît en décembre aux éditions Insel de Leipzig. Amitié avec Alfred Kutschera.
Novembre : premier cours de répétition militaire à Berne.

1905 – Fin février : Walser quitte la Banque cantonale zurichoise. Court séjour à Bienne, chez son père, dans la maison de Flora Ackeret (17, rue de la Source).
Fin mars : départ pour Berlin. Habite chez son frère Karl à Charlottenburg (Kaiser-Friedrich-Strasse 70).
En été, court séjour en Suisse.
Fin de l'été-début de l'automne : nouveau départ pour Berlin.
Fréquentation d'une école pour valets.
D'octobre à la fin de l'année : valet au château Dambrau, à Falkenstein, en Haute Silésie.

1906 – Début janvier : retour à Berlin. Grâce à son frère Karl, rencontre avec les éditeurs Samuel Fischer et Bruno Cassirer. À la suggestion de ce dernier, Walser commence un roman. Rédaction des *Geschwister Tanner (Les Enfants Tanner)* en six semaines.
Septembre-octobre : rédaction d'un second roman qui n'a pas été conservé. Contacts étroits avec Christian Morgenstern, lecteur aux éditions Bruno Cassirer.

1907 – Janvier : Début de la collaboration à la revue de Siegfried Jacobssohn *Die Schaubühne*, qui publie vingt-cinq textes de Walser dans le courant de l'année.
Février : *Les Enfants Tanner* paraissent aux éditions Bruno Cassirer.
Au printemps ; secrétaire de la Sécession de Berlin. Contacts très étroits avec le Président de la Sécession, Paul Cassirer. Contacts avec Walther Rathenau.
Mai : première contribution à la *Neue Rundschau* ; poèmes dans la revue de Franz Blei *Die Opale*.
En été : emménagement dans son propre logement à la Wilmersdorfstrasse 141 à Charlottenburg. Rédaction de *Der Gehülfe (L'Homme à tout faire, Le Commis)*.
Septembre : première contribution à *Simplicissimus*.
« *Oui, cette époque de ma jeunesse était belle. J'étais tout à l'intérieur de moi, ne vivait presque qu'avec l'esprit et le cerveau. Malgré cela, ou peut-être justement à cause de cela, tout ce qui était extérieur résonnait joyeusement. La vie n'était pourtant pas facile du tout ; j'avais parfois de dures heures à avaler.* »
(Extrait du texte en prose *Aus meiner Jugend*)

1908 – Janvier : premier texte dans la revue de Maximilian Hardens, *Die Zukunft*.
Au printemps : parution de *L'Homme à tout faire* aux éditions Bruno Cassirer.
D'avril à septembre : durant le voyage de Karl Walser au Japon, Robert habite dans l'atelier de celui-ci, au Schöneberger Ufer 40.
Jusqu'à l'automne, rédaction du roman *Jakob von Gunten (L'Institut Benjamenta)*.
Fin de l'année : Parution chez Bruno Cassirer de l'édition

bibliophile des *Gedichte* en 300 exemplaires numérotés et signés.

1909 – Printemps dans un logement à son nom au Kaiserdamm 96 à Charlottenburg (Berlin). Parution de *L'Institut Benjamenta* chez Bruno Cassirer. Diminution importante des parutions.

1910 – Retraite dans une vieille maison éloignée au Spandauer Berg 1, à l'ouest de Charlottenburg. Les tentatives d'achever un autre roman dans les deux années qui suivent échouent. Peu de publications.

1911 – « Homme à tout faire » chez la propriétaire de la maison du Spandauer Berg 1, Madame Anna Scheer, née Düring, qui le nourrit et le loge gratuitement. Production artistique toujours aussi réduite.

1912 – Reprise des contacts avec la *Schaubühne*. Premières parutions dans la revue *Die Rheinlande. Deutsche Monatshefte*.
En été : vacances avec Karl et sa femme à Riebnitz au bord de la mer Baltique.
En automne : après la mort de Madame Scheer, déménagement dans l'appartement de son frère (Hohenzollernstrasse 14) et tentatives de publier un volume de proses. Refus de Bruno Cassirer, accord ensuite avec les éditions Kurt Wolff.

1913 – En mars : retour en Suisse. Vit chez sa sœur Lisa à Bellelay (Bienne) jusqu'en mai-juin.
Au printemps : parution du volume de proses *Aufsätze* chez Kurt Wolff.

En été : Après un court séjour chez son père, emménagement dans une mansarde à l'étage des domestiques de l'Hôtel de la Croix-Bleue à Bienne, où il restera les sept années suivantes. Début de son amitié avec Frieda Mermet.

1914 – 28 janvier : décès du père.
Au printemps : préparation du recueil, *Kleine Dichtungen*, pour lequel Walser reçoit en été le prix de L'Association féminine pour l'encouragement des poètes rhénans.
En été : parution des *Geschichten* chez Kurt Wolff.
Début août : déclaration de la Première Guerre mondiale.
Du 5 août au 4 septembre, service militaire à Erlach.
Du 21 septembre au 13 octobre, service militaire à Saint-Maurice.
Fin de l'année : voyage à Leipzig pour la signature de la première édition des *Kleine Dichtungen*.

1915 – Début janvier : courte visite à son frère Karl à Berlin. Du 6 avril au 13 mai, service militaire à Cudrefin.
En été : parution officielle des *Kleine Dichtungen* chez Kurt Wolff.
Du 6 octobre au 3 décembre, service militaire à Wiesen.

1916 – Robert Walser se tourne vers les éditeurs suisses.
Septembre : achèvement du manuscrit *Der Spaziergang* (première version, *La Promenade*).
Octobre : composition du volume *Prosastücke*, parution en novembre 1916 chez Rascher à Zurich.
17 novembre : décès de son frère Ernst à la clinique psychiatrique de Waldau, Berne.

1917 – Au printemps : composition de la collection *Kleine Prosa* (paraît en avril chez A. Francke à Berne).

En même temps, parution de *Der Spaziergang* chez Huber à Frauenfeld.
Mai : achèvement du manuscrit *Poetenleben*, qui paraît en novembre chez Huber à Frauenfeld.
Du 16 juillet au 8 septembre, service militaire au Tessin.

1918 – Achèvement du manuscrit *Seeland*.
Du 18 février au 16 mars, service militaire à Courroux.
Mai : achèvement du manuscrit *Kammermusik*, qui n'a pas paru.
En hiver : rédaction du roman *Tobold*.

1919 – Mars : achèvement du roman disparu *Tobold*.
1er mai : suicide de son frère Hermann.
Une seconde édition des *Gedichte* et de *Komödie* paraît chez Bruno Cassirer à Berlin.
En hiver : composition d'une petite collection de proses *Mäuschen*, (qui est probablement identique au manuscrit également disparu *Liebe kleine Schwalben*).

1920 – Publication du volume de récits *Seeland* chez Rascher (Zurich), avec des eaux-fortes de son frère Karl (600 exemplaires).
Difficultés financières croissantes.

1921 – Janvier : déménagement à Berne. Durant quatre mois, bibliothécaire aux Archives cantonales bernoises.
Rédaction du roman disparu *Theodor*, qui sera achevé en novembre.
« Dix ans durant, j'ai écrit sans discontinuer de petites proses, qui ne s'avérèrent que rarement utiles... Ce que j'ai envoyé en courriers, personne ne le referait. La chose est unique et pour sa drôlerie, mérite d'être

placardée sur une colonne d'affichage pour que chacun puisse admirer ma naïveté. »
(Extrait de « Das letzte Prosastück »)

1922 – Le 8 mars : lecture d'extraits de *Theodor* au Cercle littéraire de Hottingen à Zurich, puis hôte chez le peintre Ernst Morgenthaler à Wollishofen, Zurich.
Avril : habite chez la veuve Lenz, à la Kramgasse 19 (jusqu'au printemps 1924)
Héritage de 10 000 francs de son oncle bâlois, Friedrich Walser-Hindermann.
Activité d'écrivain réduite jusqu'au printemps 1924.

1923 – Juin : séjour à l'hôpital pour une sciatique.
En automne : excursion à pied jusqu'à Genève.

1924 – Au printemps : déménagement à la Fellenbergstrasse 10.
Reprise de son activité d'écrivain.
Parutions dans la revue *Vers und Prosa*, dirigée par Franz Hessel, aux éditions Rowohlt.
Dès l'automne : nombreux changements de domicile jusqu'en août 1926.

1925 – Février : *Die Rose (La Rose)*, le dernier livre de Walser, paraît chez Rowohlt à Berlin.
Par la suite, contacts avec les quotidiens *Prager Presse*, *Frankfurter Zeitung* et *Berliner Tagblatt* qui, les années suivantes, publient de nombreux textes de Walser.
Mai-juin : rédaction micrographique de scènes autobiographiques dans *Felix (Félix)*.
Choix de proses pour un volume, qui n'a pas paru.

Juillet-août : rédaction micrographique du roman *Räuber (Le Brigand)*.
Octobre : début de la correspondance avec Therese Breitbach.

1926 – Avril : conflit avec Edouard Korrodi, raison pour laquelle Walser ne proposera plus de textes à la *NZZ* jusqu'en 1932.
Août : déménagement à la Luisenstrasse 14, où Walser habitera jusqu'à son admission à la clinique psychiatrique de Waldau.
Octobre : création du *"Tagebuch"-Fragments* (« Fragments » d'un journal).

1927 – Poursuite de l'abondante production d'écrivain.
Juin : dans une lettre à Max Rychner, Walser explique son « système du crayon ».
Octobre-novembre : reprise du contact épistolaire avec Max Brod, qui essaie vainement de faire publier un volume de poèmes de Walser aux éditions Zolsnay, Vienne.

1928 – 50ᵉ anniversaire de l'écrivain. Visite du dessinateur Emil Stumpp, qui réalise un portrait de Walser. Le *Berliner Tagblatt* publie un article de félicitations mais donne à Walser le conseil de cesser d'écrire durant six mois, ce qui provoque chez l'écrivain des états d'angoisse et des insomnies.

1929 – 24 janvier : consultation du psychiatre Walter Morgenthaler en compagnie de sa sœur Lisa.
Admission à la clinique psychiatrique de Waldau, à Berne, sous la pression de sa sœur et d'un médecin.

En été : Walser recommence à écrire et travaille à mi-temps dans les jardins de la clinique.
L'adresse de correspondance reste la Luisenstrasse 14 jusqu'en 1933.
« *Dans un certain sens, nous sommes tous meurtris, nous ne faisons que nous habituer à passer outre cette réalité trop délicate, qui au quotidien ne peut être tolérée et qui, par conséquent, ne doit pas exister.* » (Extrait du texte en prose « Aus dem Leben eines Schriftstellers »)

1933 – Au printemps : contrat avec les éditions Rascher pour la réédition des *Enfants Tanner*.
En juin : transfert à Herisau, à la clinique psychiatrique de son canton d'origine, Appenzell Rhodes-Extérieures. Plus aucune activité d'écrivain.
Réédition des *Enfants Tanner* chez Rascher à Zurich.
Durant les vingt-quatre années suivantes, activité à plein temps pour les ateliers de la clinique : collage de sacs en papier, fabrication de ficelle et triage de petits pois et d'autres produits.

1934 – Nomination d'un tuteur légal.

1936 – 1er juillet : première visite de Carl Seelig à Robert Walser à Herisau.
Début des excursions communes et des conversations.
Réédition de *L'Homme à tout faire* sur proposition de Walter Muschg.

1937 – Choix de proses, *Grosse, kleine Welt*, publié par Carl Seelig. Lisa Walser transmet à Carl Seelig tous les manuscrits de son frère.

1944 – Seelig devient le tuteur de Walser qui, la même année, s'occupe de la publication des volumes de proses *Vom Glück des Unglücks und der Armut* et *Stille Freuden*.

1947 – *Dichterbildnisse* publié par Carl Seelig.
Premier livre sur Walser : *Robert Walser, der Poet*, d'Otto Zinniker.

1950 – Réédition de *L'Institut Benjamenta* par Carl Seelig.

1953 – Début de la publication par Carl Seelig de l'œuvre de Walser en cinq volumes.

1956 – 25 décembre : mort de Robert Walser durant une promenade dans la neige.

Table

Préface de Bernhard Echte	9
Une rue de grande ville	15
Ce qu'il advint de moi	20
Regard sur le passé	22
Madame Scheer	27
Complet	47
La petite Berlinoise	50
En tramway	61
Quelques lignes sur le chemin de fer	64
L'incendie	72
Le Greifensee	79
Retour dans la neige	82
Petite escapade	87
À l'aube	89
Promenade du soir	91
La nuit	93
Nuit d'été	95
Au bord du lac	97
La ruelle du Bas	99
Dimanche	105
Un dimanche à la campagne	108

Lettre de Bienne	113
Château Sutz	118
La rue	122
Sur la terrasse	126
La petite ville	127
Annexes	133
I. Sources et annotations	133
II. Repères biographiques	138

DU MÊME AUTEUR

L'Homme à tout faire
L'Âge d'homme, 1975
et « Poche suisse », n° 185, 2000

L'Institut Benjamenta
Gallimard, « L'imaginaire », n° 80, 1981, 1999

Les Enfants Tanner
Gallimard, 1985
et « Folio », n° 2380, 1992

Le Commis
Gallimard, 1985

La Promenade
Gallimard, 1987
et « L'imaginaire », n° 541, 2007

La Rose
Gallimard, 1988
et « L'imaginaire », n° 584, 2009

Felix
Zoé, 1989
« MiniZoé », n° 26, 1997

Cendrillon
Ivrea, 1990
et « MiniZoé », n° 67, 2006

Le Brigand
Gallimard, 1994
et « Folio », n° 2900, 1996

Sur quelques-uns et sur lui-même
Gallimard, 1994

Rêveries et autres petites proses
Le Passeur, 1996
L'Aire, 1998

La Dame blanche et autres petites proses
Ulysse-Fin de siècle, 1999

Marie
Le Rocher, 1999

Les Rédactions de Fritz Kocher
Gallimard, 1999

L'Étang
Zoé, 1999

SCÈNES DIALOGUÉES
vol. 1 : Porcelaine
vol. 2 : Cigogne et porc-épic
Zoé, 2000

Nouvelles du jour
Zoé, 2000
et « Zoé Poche », n° 44, 2009

Blanche-Neige
Corti, 2002

L'homme qui ne remarquait rien
La Joie de lire, 2004

Petits Textes poétiques
Gallimard, 2005

Seeland
Zoé, 2006

Le Territoire du crayon
Proses des microgrammes
Zoé, 2006
et « Zoé Poche », n° 58, 2013

Vie de poète
Zoé, 2006
et « Points Signatures », n° P2340, 2010

Histoire d'images
Zoé, 2006

Morceaux de prose
Zoé, 2008

Poèmes
Zoé, 2008

Au bureau
Poèmes de 1909
Zoé, 2010

Petite Prose
Zoé, 2010

Lettres de 1897 à 1949
Zoé, 2012

COMPOSITION : NORD COMPO MULTIMÉDIA
7 RUE DE FIVES - 59650 VILLENEUVE-D'ASCQ

Cet ouvrage a été imprimé en France par
CPI Bussière
à Saint-Amand-Montrond (Cher)
en mai 2014.
N° d'édition : 117616. - N° d'impression : 2008067.
Dépôt légal : juin 2014.

Éditions Points

Le catalogue complet de nos collections est sur Le Cercle Points, ainsi que des interviews de vos auteurs préférés, des jeux-concours, des conseils de lecture, des extraits en avant-première…

www.lecerclepoints.com

Collection Points Aventure

P456. Traité du zen et de l'entretien des motocyclettes
Robert M. Pirsig
P683. Balkans-Transit, *François Maspero*
(photographies de Klavdij Sluban)
P1524. Retour dans la neige, *Robert Walser*
P3024. Avant la dernière ligne droite, *Patrice Franceschi*
P3025. Boréal, *Paul-Émile Victor*
P3026. Dernières nouvelles du Sud, *Luis Sepúlveda*
(photographies de Daniel Mordzinski)
P3027. L'Aventure, pour quoi faire ?, *collectif*
P3069. La Pointe du couteau, *Gérard Chaliand*
P3126. Le Regard du singe
Gérard Chaliand, Patrice Franceschi, Sophie Mousset
P3192. La Mort suspendue, *Joe Simpson*
P3193. Portrait de l'aventurier, *Roger Stéphane*
P3233. Aventures en Guyane. Journal d'un explorateur disparu
Raymond Maufrais
P3290. Mes vies d'aventures. L'homme de la mer Rouge
Henry de Monfreid
P3291. Cruelle est la terre des frontières.
Rencontre insolite en Extrême-Orient, *Michel Jan*